근로자에게 바로 통하는

노무 처방전

근로자에게 바로 통하는 노무 처방전

| 박예희 지음 |

커리어북스
CAREER BOOKS

PART 2 일하며

PART 3   그만두며

부록 | 직장 내 성희롱, 직장 내 괴롭힘

프롤로그

　우리 주변에는 일을 시작하는 나이와 이유가 다를 뿐 일을 하지 않고 사는 사람들을 찾아보기 어렵다. 왜 우리는 일을 하는 것일까? 여러 설문조사에서 여러 해에 걸쳐 이 질문을 해왔다. 우리가 일하는 데에는 여러 가지 이유가 있다. 자아실현을 위해서, 승진을 위해서, 일에 대한 보람을 느껴서, 사회구성원으로서 역할을 다하기 위해서, 원만한 사회 관계를 위해, 사회에 기여하기 위해, 나의 열정을 불태우기 위해, 나의 재능을 시험하기 위해 등이 일하는 이유였다.

　많은 설문조사에서 '일하는 이유' 1위는 '돈을 벌기 위해서'였다. 돈이 세상에서 가장 중요한 것은 아니지만 일을 하여 내가 손에 쥐는 노동의 대가는 나의 생계를 이어갈 수 있게 하고, 하고 싶은 취미활동을 할 수 있게 하고, 내가 원하는 미래를 위한 초석을 만들 수 있게 한다. 일해서 돈을 버는 것[1]은 사회의 한 부분이 된다는 것을 의미한다. 내가 사회 안에서 필요한 존재라는 것을 느낄 수 있고, 일하며 나의 노동이 다른 사람에게 어떤 편의성을 가져다줄 수도 있다. 이렇게 일한다는 것은 단순히 돈을 버는 것만이 아니라 우리의 삶 속에서 행복과 자존감을 가질 수 있게 해준다. 그러나 사회 안에서 한 구성원으로서 해야 할 역할을 한다는 것에 만족하는 데 그치지 않고, 내가 일하면서 노동법적으로 보호받을 수 있는 권리가 있다는 것을 아는 것도 굉장히 중요하다.

나는 스무 살 때 한 도넛가게에서 첫 아르바이트를 했었다. 주말 아르바이트 오픈조였기에 아침 7시까지 출근해야 했다. 원래 근무시간은 아침 7시부터 오후 2시까지 하루 6시간 일하기로 약속되어 있었다. 하지만 매장이 바쁘거나 다른 아르바이트생이 펑크를 내면 오후 4시, 5시까지 일하기도 했다. 너무 오랜 시간 일하는 것이 버겁기도 했지만 '일을 많이 하면 그만큼 돈을 더 받으니까!'라는 생각으로 매장 매니저님의 초과근무 요청을 거의 들어주었다. 내가 일하기로 한 시간보다 더 많이 일하면 몇 시간 더 일했는지, 그것에 맞게 돈이 잘 들어왔는지 체

---

1 경향신문 2011. 11. 1. [직장인 '일하는 이유' 묻자 53%가 한 대답은?]
　잡코리아 2014. 3. 18. [직장인이 일하는 이유는 무엇?]
　데이터솜 2014. 10. 6. [50~60대 근로자, "생계목적으로 일한다"]
　MoneyS 2017. 5. 18. [직장인 만족도 조사, 일하는 이유 70%는 '돈']

크하는 것이 당연하지만 대기업 프랜차이즈여서 당연히 계산을 잘해주리라 생각하고 주는 대로 받았다. 그래서 그때 일한 만큼의 돈을 제대로 다 받았는지 알 수 없다. 일한 것에 비해 돈이 너무 적었다는 느낌만으로 남아 있을 뿐이다. 물론 잘 챙겨주었는데 내가 힘이 든 것에 비해 돈이 적었다고 느꼈을 수도 있다.

실제 예전 아르바이트를 하던 때의 나처럼 '회사에서 내가 일하는 만큼 알아서 잘 챙겨주겠지.' '설마 회사가 돈을 떼먹겠어?'라고 생각하는 사람이 많을 것이다.

나는 첫 회사에 입사했을 때 사장님이 전 직원을 불러놓고 "내일부터 퇴근시간을 30분 더 늦추자!"라고 말했을 때 왜냐고 이유를 묻지 않았다. 또 매일 30분씩 일을 더 한 것을 회사에서 추가로 지급하지 않아도 문제를 제기하지 않았다. 그때 왜 그랬을까를 가만히 생각해보면, 당시 나의 노동법적 권리에는 어떤 것이 있는지 잘 몰랐던 것 같다. 그래서 사장님의 요구가 부당한지 생각해보지 않고, 사장님이 30분 더 일하라면 다 이유가 있을 거라고 생각했다. 지금 돌아보면 참 어리석고, 화나는 부분이다. 지금의 지식을 갖고 있었다면 당시 상황에서 그냥 넘어가지 않았을 것이다. 지금 와서 그때를 생각해보면 '매일 일한 30분에 대해서 수당 청구하며 부당함의 목소리를 한 번이라도 낼 수 있지 않았을까?'라는 아쉬움이 남는다.

요즘은 초·중·고등학교에서 학교 자체적으로 '노동인권교육'을 하고 있다. 그래서 요즘 20대는 일할 때 본인의 노동법적 권리를 찾으려는 태도가 우리 때와 매우 다를 것이다. 하지만 회사 사장님은 그때의 나처럼 '노동인권교육'이라는 것을 들어보지도 못했을 수 있다.

직 원 사장님, 주휴수당 주세요.

사장님 그게 뭔데?

직 원 주휴수당 모르세요? 일주일에 15시간 이상 일하고, 약속한 출근일에 다 나오면 하루 치 임금 더 주는 게 주휴수당이에요.

사장님 뭐? 그런 게 있다고?

직 원 네, 저 주휴수당 받을 수 있어요. 알아보시고 챙겨주세요.

- 사장님, 알아보는 중

사장님 미안하다.

내가 이런 게 있는 줄 몰랐어. 일부러 안 준 거 아니다.

노무사로 10여 년 일해보니 노동법을 알면서도 안 지키는 경우보다 몰라서 못 지키는 경우가 더 많더라! 사장님들은 노동법에 대해 알려주면 오히려 고마워하고, 그대로 더 챙겨주려고 하는 경우가 많았다.

시중에 직원(근로자)을 위해 출간된 책이 많지만, 실제로는 사장님과 같이 보는 용도로 내용이 섞인 것이 대부분이다. 철저히 직원의 시선에서 쓰인 책은 거의 없었다. 이 책은 철저히 직원의 시선에서 일하는 사람들이 꼭 알아야 하는 노동법적 권리와 지식에 대하여 알려주려 한다. 노동법에 적용되는 사람이 노동법을 모른다면 보호받을 수 있는 상황에서도 어떤 보호를 받을 수 있는지 알 수 없다. 노동법을 제대로 적용받기 위해 이를 제대로 알 필요가 있다. 그래야 조금이라도 더 내가 스스로를 보호할 수 있지 않을까?

※ 시중에 나온 많은 노동법 관련 책에서 사업장, 사용자, 근로자 등의 용어를 사용하고 있다. 하지만 이 책을 읽는 근로자에게 좀 더 친근하게 다가가기 위하여 사업장은 '회사', 사용자는 '사장님', 근로자는 '직원'이라 칭하려고 한다.

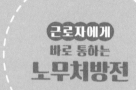

근로자에게
바로 통하는
노무처방전

PART 1

들어가며

이력서 제출 후
개인정보가
걱정됩니다.

Q. 취업 때문에 이력서와 포트폴리오를 냈는데 걱정이 됩니다. 회사에서 아이디어를 구하기 위해 일부러 채용공고를 낸다는 소문을 들었기 때문입니다. 개인정보 보호를 위해 이력서를 되찾아 오는 방법과, 혹시 회사가 제 아이디어를 가져갔다면 처벌조항이 있는지 궁금합니다.

회사에 입사지원할 때 이력서와 자기소개서로 나를 어필한다. 자기소개서에는 회사에 지원하는 이유, 나의 장·단점, 입사 후 목표 등을 쓴다. 이력서에는 어떤 내용이 들어갈까? 기본적으로 회사에 지원하는 나의 이름이 들어갈 것이고, 전화번호, 현 거주지 주소, 이메일 주소, 경력 사항 등을 쓸 것이다.

평소 내가 꼭 가고 싶어 했던 기업에 이력서와 자기소개서를 넣고 결과를 기대해보지만 좋은 소식을 얻지 못하고, 그다음으로 가고 싶었던 회사에 지원하고, 떨어지고, 다음으로 가고 싶었던 회사에 지원하고……. 그러다가 결국 '어떤 회사든지 붙여만 주세요. 온몸을 바쳐, 열정을 불태워 최선을 다해 일하겠습니다.'라며 마음을 확 놔버리고 내가 절대 포기할 수 없는 기준만을 남겨둔 채 구인 사이트에서 회사를 고른다. 그리고 이력서와 자기소개서에 회사 이름만 바꾸어 입사지원을 한다. 그러다 보면 A회사에 B회사 이름을 적고, B회사에 A회사 이름을 적어 내는 경우도 종종 있다. 이렇게 100개 가까운 곳에 입사지원을 하다 보면 어느 한 곳이라도 면접 보러 오라는 연락이 오고, 겨우 취업에 성공했다는 사례를 종종 보게 된다.

취업에 성공한 것은 기쁘고 좋은 일이나, 나의 신상이 모두 적혀 있는 이력서와 자기소개서를 받은 회사들은 내 정보를 과연 어떻게 처리하고 있을까? 이를 잘 보관, 혹은 파기를 하고 있을지 갑자기 걱정이 밀려온다. 혹시 내 정보를 아무렇게나 처리해 저 멀리 타국에서 내 정보가 나쁜 곳에 사용되는 것은 아닌가 하는 생각이 떠오르기도 한다.

많은 취업준비생들이 본인의 정보가 담긴 이력서와 자기소개서를 회사에 제출하고, 이것이 어떻게 처리되는지 알지 못한다. 그래서 나라에서 2014년 「채용절차의 공정화에 관한 법률」을 만들어 채용서류를 관리하도록 하였다. 이 법은 채용서류의 반환 의무, 보관 의무, 파기에 대한 회사의 의무를 규정하고 있다. 법에서 가리키는 채용서류는 채용 시 회사가 구직자에게 제출받아 채용 여부를 심사하는 등 사용하는 모든 서류·자료·물건을 의미하며 구체적으로 응시원서, 이력서 및 자기소개서, 학위증명서, 경력증명서, 자격증명서, 작품집, 연구실적물을 말한다.

회사는 취업준비생의 채용 여부가 확정된 이후 일정 기간 채용서류를 보관하고 채용에서 떨어진 사람이 채용서류의 반환을 요구하면 본인임을 확인한 후 서류를 돌려줄 의무가 있다.

채용절차의 공정화에 관한 법률 제11조(채용서류의 반환 등)
① 구인자는 구직자의 채용 여부가 확정된 이후 구직자(확정된 채용대상자는 제외한다)가 채용서류의 반환을 청구하는 경우에는 본인임을 확인한 후 대통령령으로 정하는 바에 따라 반환하여야 한다. 다만, 제7조 제1항에 따라 홈페이지 또는 전자우편으로 제출된 경우나 구직자가 구인자의 요구 없이 자발적으로 제출한 경우에는 그러하지 아니하다.
② 제1항에 따른 구직자의 채용서류 반환 청구는 서면 또는 전자적 방법 등 고용노동부령으로 정하는 바에 따라 하여야 한다.

다만, 채용서류가 홈페이지 또는 이메일로 제출되었거나 취업준비생이 회사의 요구 없이 자발적으로 제출한 경우에는 반환 청구할 수 없고 회사도 이를 반환해줄 의무가 없다. 회사는 채용 여부가 확정된 날부터 14일에서 180일 사이의 기간에 취업준비생이 채용서류의 반환을

청구할 수 있는 기간을 정하여 채용 여부가 확정되기 전까지 취업준비생에게 통보해야 한다.

> **채용절차의 공정화에 관한 법률 제11조(채용서류의 반환 등)**
> ⑥ 구인자는 제1항부터 제5항까지의 규정을 채용 여부가 확정되기 전까지 구직자에게 알려야 한다.

채용서류의 반환을 청구했다면 특수취급우편물을 통하여 전달, 또는 회사로 취업준비생이 찾아왔을 때 직접 전달해주면 된다. 그러기 위해서 회사는 취업준비생의 채용서류 반환 청구에 대비하여 채용서류를 보관하고 있어야 한다. 다만, '천재지변이나 그 밖에 회사에 책임 없는 사유로 채용서류가 멸실된 경우' 채용서류를 반환한 것으로 본다.

회사는 반환 청구기간이 지났거나 채용서류를 반환하지 아니한 경우에는 「개인정보 보호법」에 따라 채용서류를 파기해야 한다.

> **채용절차의 공정화에 관한 법률 제11조(채용서류의 반환 등)**
> ③ 구인자는 제1항에 따른 구직자의 반환 청구에 대비하여 대통령령으로 정하는 기간 동안 채용서류를 보관하여야 한다. 다만, 천재지변이나 그 밖에 구인자에게 책임 없는 사유로 채용서류가 멸실된 경우 구인자는 제1항에 따른 채용서류의 반환 의무를 이행한 것으로 본다.
> ④ 구인자는 대통령령으로 정한 반환의 청구기간이 지난 경우 및 채용서류를 반환하지 아니한 경우에는 「개인정보 보호법」에 따라 채용서류를 파기하여야 한다.

「개인정보 보호법」 제21조 제1항 규정과 「행정자치부·고용노동부 개인정보보호 가이드라인」에서 "지체 없이"의 의미를 "5일 이내"로 안내하고 있는 점을 비추어 볼 때, 채용 여부가 확정되면 불합격이 확정된 취업준비생의 채용서류는 지체 없이 5일 이내에 파기해야 한다.

또 하나, 회사가 채용을 가장해 취업준비생의 아이디어를 수집하거나 기업홍보를 할 요량으로 '거짓 채용광고'를 하면 처벌[2]받는다. 회사가 취업준비생에게 채용서류나 이와 관련된 저작권 등의 '지식재산권'을 기업에 귀속하도록 강요하는 것도 처벌대상이다.

즉, 이력서를 제출한 회사가 직원이 30명 이상 되는 곳이라면 이력서 등 채용을 위해 제출했던 서류의 반환을 요구할 수 있다는 것을 잊지 말자! 또 회사가 취업준비생의 포트폴리오 내의 아이디어를 사업상 이용한 것을 발견했다면 분통해하지만 말고 이를 바로 신고하자.

---

2 5년 이하의 징역 또는 2천만 원 이하의 벌금에 처해진다.

면접 합격 연락을 받았는데, 회사 사정상 채용을 취소한대요.

Q. 지난주에 면접 본 회사에서 합격했다는 연락을 받았습니다. 취업난인 요즘 정말 반가운 소식이고 부모님께 효도할 수 있다는 생각에 기쁜 마음으로 첫 출근을 준비하고 있었는데, 오늘 회사에서 전화가 왔어요. 제가 입사하기로 한 자리에 사장님 친척이 오기로 했다면서, 미안하지만 합격을 취소한다고 했습니다. 너무 황당합니다.

취업준비생이 역대 최대 85만 명[3]에 이른 요즘, 취직에 성공하는 것

은 낙타가 바늘구멍에 들어가는 것만큼 어려운 일이다. 취업준비생이

---

3 문화일보 2021. 03. 21. [취업준비자 역대 최대 85만 명…1년 새 2030 취준생 7만 명↑]

라는 신분을 탈피하여 회사원으로 불릴 수 있는 날이 왔다는 것은 정말 세상을 다 가진 기분이었을 것이다. 회사에 취직하면 하고 싶었던 일을 적어놓은 버킷리스트를 꺼내 보며 멋진 직장인이 된 나의 모습을 상상하고, '야근을 시켜도 열심히 해야지!' 하며 다짐했을 것이다.

하지만 이런 행복한 기분이 얼마 가지 못하고 깨지고 만다. 내가 열심히 노력해서 얻은 귀중한 일자리를 빼앗겼다. 내가 너무 마음에 든다며 꼭 함께 일했으면 좋겠다고 전화했던 부장님, 열심히 일하자고 악수를 청했던 사장님, 내 사수가 될 것이라며 앞으로 잘해보자고 문자까지 보내줬던 대리님이 주마등처럼 머릿속을 스치고 지나간다.

"입사합격 통보와 함께 정해준 출근일을 달력에서 하루하루 지워나가며 구름 위를 걷는 기분으로 살고 있었는데 이게 무슨 날벼락이냐고요! 저는 너무 억울합니다! 구제받을 방법이 없을까요?"

지원자는 회사의 채용절차를 모두 거친 후 입사가 결정된, 채용이 내정된 상태였다. '채용 내정'이라는 것은 회사에서 직원을 회사에 실제 근무시키기 전, 채용절차를 거쳐 근무자를 확정해놓는 것을 말한다.

회사는 지원지에게 채용취소 연락을 했을 때 이런 생각을 했을 것이다. 입사합격을 통보하고 첫 출근일이 정해졌지만 아직 근로계약서를 쓰지도 않았고, 출근해서 일한 것도 아니니 별문제가 없다고 말이다. 하지만 회사는 심각한 착각을 하고 있다. 현재 판례와 고용노동부 행정해석은 회사가 지원자에게 채용합격을 통보한 시점에 이미 근로계약이 성립된 것으로 보고 있기 때문이다. 즉, 근로기준법 제17조에 따라 근로계약서를 쓴 상태는 아니지만 회사가 합격통보를 하는 시점에 근로계약이 성립한 것으로 본다는 의미이다.

판례는 채용 내정부터 정식 출근일까지 사이에 사용자에게 근로계약의 해약권이 유보(근로계약을 깨트리는 것을 미뤄둠)되어 있다고 보고 있다(대법원 2000. 11. 28., 선고 2000다51476 판결 등 참조).

결론적으로 회사가 지원자에게 채용합격 통보 시점에 근로계약 관계가 성립하기 때문에 합격취소는 근로기준법에 따른 해고제한 규정을 적용받게 된다. 다만, 합격 통보 단계에서 채용 내정자는 회사 내에서 구체적으로 일하지 않았기 때문에 합격취소 내지 해고의 사유가 통상적인 일반 직원의 해고 사유와는 다르게 볼 수밖에 없다. 회사가 유보된 해약권을 행사하여 합격취소를 하기 위해서는 합격하는 과정, 지원자가 담당할 업무의 내용과 성질 등에 비추어 볼 때 채용하기에 적합하지 않다고 볼 만한 객관적이고 합리적인 이유가 있어야 하며, 사회통념상 상당한 이유가 인정되어야 한다. 이런 이유 없이 채용을 취소하면 이것은 부당해고가 될 수 있다.

그렇다면 어떤 경우 회사는 채용 내정을 취소할 수 있을까? ① 채용 여부 판단의 중요한 근거가 되는 경력사항을 허위로 기재하였거나, 채용비리를 통해 채용되었음이 밝혀진 경우 등 지원자가 채용에 적합한 자격을 가지고 있지 않은 경우, ② 회사가 사내 규칙상 지원자를 채용할 수 없는 중요한 부분을 착오한 경우에 채용 내정을 취소할 수 있다.

위의 에피소드의 경우 두 가지 경우에 다 해당하지 않는다. 사장님의 친척이 오히려 채용이 취소되어야 할 판국이다. 이 사건의 억울함을 풀기 위해서 어떻게 해야 할까?

① 지원자의 임시의 지위를 정하는 가처분 신청

최초 합격통보를 통해 지원자와 회사 사이에는 근로계약이 성립하였으므로, 지원자에게 합격자의 지위 내지 근로자의 지위를 인정해달라는 취지의 임시의 지위를 정하는 가처분 신청을 할 수 있다(민사집행법 제300조 제2항).

② 지원자의 손해배상 청구

지원자는 회사가 근로계약을 체결하겠다는 신뢰를 보여주었는데 이를 정당한 이유 없이 취소한 것은 지원자의 기대를 저버리는 불법행위에 해당하기 때문에 회사를 상대로 손해배상을 청구할 수 있다.

③ 임금 청구

채용합격의 통지는 회사가 근로계약을 하겠다는 승낙의 의사를 표시한 것이기 때문에 입사예정일부터 채용취소일까지 기간의 임금을 청구할 수 있다.

지원자의 일이 잘 해결되어 가처분 신청이나 손해배상 청구 없이 회사에 출근하여 좋은 커리어를 쌓을 수 있기를 바란다.

근로계약서와 연봉계약서는 다른 건가요?

Q. 예전에 다니던 회사에서는 근로계약서를 썼는데 이번 입사한 회사에서는 연봉계약서를 써요. 근로계약서와 연봉계약서의 차이가 있나요?

직원이 채용되기 전 혹은 채용되고 난 후 반드시 해야 하는 일이 무엇일까? 근로계약서를 쓰는 일이다. 근로계약서의 내용이나 양식은 회사마다 다르며 정답이 없다. 다만, 고용노동부 홈페이지에 「표준근로세약서」 양식이 있을 뿐이다. 그런데 어떤 회사에서는 근로계약서가 아니라 연봉계약서를 쓰기도 한다. 근로계약서는 안 쓰고 연봉계약서만 쓰는 것은 문제가 있는 것이 아닐까 하는 생각이 든다. 근로계약서를 반드시 써야 하는데 왜 근로계약서 말고 연봉계약서만 쓴단 말인가?

근로계약서는 회사와 직원이 약속한 근로조건, 즉 직원의 업무 내용과 장소, 임금, 근로시간, 휴일, 휴가 등이 모두 쓰여 있는 종이(혹은 전자문서)이다. 그 안에는 임금, 근로시간, 휴일, 휴가, 일하는 장소와 해야할 일에 대한 내용을 쓴다. 더불어 근로계약기간도 쓴다. 다른 근로조건도 중요하지만 근로계약기간 또한 중요하다. 왜냐하면, <u>근로계약기간은 우리가 흔히 말하는 정규직으로 계약할 것인지 계약직으로 계약할 것인지가 나누어지는 포인트이기 때문이다.</u> 정규직이라면 근로계약기간의 시작하는 부분만 있고 끝나는 시기는 없다. 회사에 정년이 정해져 있다면 직원이 회사를 그만두지 않는 이상 정년까지 무조건 회사에 다닐 수 있다. 계약직은 회사와 직원이 일하는 기간을 정해놓는다. 2년 이내에 마음껏 기간을 정할 수 있다.

<u>연봉계약기간은 회사와 직원이 약속한 월급이 적용되는 기간을 말한다.</u> 연봉계약기간이 끝났다고 하여 회사와 직원의 계약관계가 끝나는 것은 아니라는 말이다. 연봉계약서에 적힌 연봉의 적용기간만이 끝난 것이고, 근로계약은 계속 이어지는 것이다. 혹여나 이를 착각하여 연봉계약기간을 근로계약기간과 같다고 생각하여 회사가 직원과의 근로계약을 끝내려고 하면 이는 부당해고가 될 수 있다.

근로계약서 안에는 월급에 대한 내용이 들어간다. 그래서 따로 연봉계약서를 쓰지 않아도 된다. 하지만 회사에 따라서 근로계약서

와 연봉계약서를 같이 쓰는 회사도 있고, 연봉계약서에 근로계약서의 내용을 모두 넣어 연봉계약서라는 이름으로 근로계약서를 쓰는 회사도 있다는 것을 알아두자(근로계약서라 칭하지 않고, 근로계약서 내용이 모두 포함된다면, 이는 근로계약서를 쓴 것과 같은 효과가 있다).

사장님이 근로계약서를 안 써준대요.

Q. 고등학교에 다닐 때, 일하면 근로계약서를 꼭 써야 한다고 배웠습니다. 그래서 이번에 취업하면서 근로계약서를 써달라고 말했더니 사장님이 우리 회사는 그런 것이 없다며 안 쓴다고 합니다.

일을 시작할 때 근로계약서는 반드시 써야 한다. 하지만 이를 모르는 사장님이 여전히 많다. "서로 믿고 하자." "근로계약서 같은 건 우리 회사에는 없어." "근로계약서 써서 어디에 신고하려고?" 등등 안 쓰는 이유도 가지각색이다.

사실 근로계약서를 안 써도 된다. 사장님이 노동관계법령을 잘 알거나, 아니면 마음이 좋은 분이라 근로계약서 없이도 처음 말했던 근로조건을 잘 지키고 가산수당 등을 잘 챙겨준다면 근로계약서는 없어도 된다. 그러나 직원은 언제나 만약을 대비해야 한다. 그렇게 좋은 사장님만 만날 것이라는 보장이 없다. 또 사람의 기억력은 한계가 있어 사장님이 스스로 직원에게 말한 근로조건을 다 기억하지 못할 수도 있다. 그러니 직원의 근로조건을 종이에 적어 서로 한 장씩 나누어 가지는 것이 바람직하다. 하지만 근로계약서를 써주지 않기로 마음먹은 사장님의 마음을 돌리기는 참 어렵다. 그때는 어떻게 해야 할까?

① 주변에 근로계약서를 쓰지 않아서 처벌받은 사례 이야기해주기

친구나 자신이 예전에 아르바이트하던 곳에서 근로계약서를 쓰지 않아 사장님이 처벌받았던 이야기를 해주자. MSG 조금 쳐서 이야기해도 좋다. 반드시 500만 원 이하의 벌금형이 나온다는 것과, 벌금형은 전과에 해당한다는 것을 강조해서 말해주자.

② 월급통장을 만들 때 근로계약서가 필요하다고 말하기

2016년부터 대포통장의 근절을 위해서 금융거래확인제도가 생겼다. 과거에는 신분증 하나만으로 통장을 만들 수 있었지만 지금은 아니다. 통장을 만들기 어려워졌다.

월급통장을 개설하기 위해서는 회사에 다니고 있다는 것을 증명할 수 있는 서류가 필요하다. 보통 재직증명서, 급여명세표, 근로계약서 등이 필요하다. 월급 받기 위해 통장을 만들어야 하니 근로계약서를 쓰자고 말하자! 다만, 회사에서 월급을 현금으로 준다면 이 방법이 통하지 않을 수도 있다.

대개 월급통장 개설을 위해서 필요하다고 하면 다 작성해준다. 통장 개설이 어렵다는 것은 대부분 알고 있기 때문이다. 근로계약서를 이렇게까지 해서라도 써야 하는지 의문이 들 수 있다. 하지만 뭐든 확실히 하고 시작하는 것이 좋지 않은가? 사장님과 직원이 합의한 근로조건을 확실히 종이에 적고 이것을 하나씩 나눠 가진다면, 사장님은 직원에게 그대로 하려고 노력할 것이고, 혹시라도 내용이 지켜지지 않으면 직원은 근로계약서로 사장님이 틀렸다는 것을 주장할 수 있으니 말이다.

프리랜서로 일하는데 근로계약서를 써야 하나요?

Q. 회사 면접에 합격했습니다. 첫 출근을 준비하는데 회사에서 연락이 와서 직원이 아닌 프리랜서로 일하는 것이 어떻겠느냐고 제안했습니다. 프리랜서로 일하면 처음에 말했던 근로조건은 같고 대신 4대 보험에 가입하지 않고 3.3%의 원천징수만 하면 돼서 세금이 덜 나온다고 했습니다. 제가 어차피 건강보험은 아빠 밑에 들어가 있어서 4대 보험을 꼭 들어야 하나 싶었는데 회사의 제안이 반가웠습니다. 그래서 회사에서 프리랜서로 일하고 싶은데, 프리랜서도 근로계약서를 쓰나요?

회사에서 직원을 채용하면서 근로계약서가 아닌 프리랜서 계약서를 작성하자고 권할 때가 있다. 질문과 같이 4대 보험에 가입하지 않아

세금을 덜 내도 된다는 달콤한 조건을 붙여서 유도를 하는 것이다. 회사는 '처음에 말했던 근로조건과 같다'면서 왜 직원이 아닌 프리랜서로 계약하길 원할까? 회사가 직원과 근로계약이 아닌 프리랜서 혹은 위촉의 형태로 계약을 체결한 후 해당 직원에게 근로기준법을 적용하려고 하지 않을 때 이런 식의 계약을 권한다. 겉으로는 프리랜서 계약서를 작성했으니 근로자가 아니고, 근로자가 아니라면 노동관계법령의 보호를 받지 못할 테니 회사는 연차유급휴가, 퇴직금 등 사용자가 반드시 지켜야 하는 근로기준법을 지키지 않아도 된다고 생각하는 것이다.

프리랜서는 일정한 집단이나 회사에 전속되지 않은 자유계약에 의하여 일을 하는 사람[4]을 말한다. 회사로부터 지휘·명령을 받으며 일을 하는 직원과 달리 본인 능력에 따라 독립적으로 일하는 사람이므로 근로기준법상 근로자로 보지 않고 노동관계법령의 적용을 받지 않는다.

근로기준법에서는 형식보다 실제를 더 중요하게 생각한다. 따라서 프리랜서 계약서를 써서 실제 근로자가 아닌 것 같은 모습을 보여도, 근로기준법에서는 형식보다 실제를 더 중요하게 생각한다. 즉, 실제 해당 직원이 회사에서 어떻게 일했는지를 살펴보고 직원을 근로기준법상의 근로자로 볼지 말지(근로기준법을 적용시킬지 말지)를 정하는 것이다.

---

4 출처: 두산백과

형식보다 실질을 중요시하는 근로기준법에서 프리랜서가 직원, 근로기준법상 근로자로 인정되려면 어떤 식으로 일을 해야 할까? 아래의 기준에 해당하는지를 보면 된다.

① 회사가 직접 직원의 모집·채용 공고를 하고, 근로계약을 체결하는지

② 업무내용을 회사가 정하고, 회사 내 취업규칙 적용을 받으며, 업무를 수행하는 과정에서 회사가 구체적이고 직접적으로 지휘·감독하는지

  1. 회사의 직접적인 채용, 교육, 퇴직 등의 노무관리 여부

  2. 업무 진행사항을 회사에 보고해야 하는지 여부

  3. 업무내용의 결정과 업무지시에 대한 거절의 자유가 있는지 여부

  4. 본인 업무 외에 다른 부수적인 업무도 해야 하는지 여부

③ 근무시간과 근무장소가 결정되고 구속되는지

  1. 출·퇴근시간이나 근무일이 정해져 있는지 여부

  2. 일하는 장소가 정해져 있는지 여부

④ 일하는 사람이 스스로 제3자를 고용해 업무를 대행하게 할 수 있는지

⑤ 일하는 데 필요한 비품, 원자재, 작업도구는 누구의 것인지

일하는 데 필요한 물품이 회사 것이면 근로자, 내 것이면 프리랜서, 회사의 것이지만 돈 주고 빌렸다면 프리랜서이다.

⑥ 보수가 업무에 대가성인지, 기본급이나 고정급이 정해져 있는지

1. 보수가 일의 성과와 관련 없이 고정적으로 지급되고, 생계유지의 기능이 있는지 여부

2. 업무의 대가 산정에 있어 업무 수행시간에 따라 다르게 계산되는지 여부

⑦ 일을 다른 회사에서도 할 수 있는지(이중 취업 가능 여부)

⑧ 세금을 어떻게 공제하는지(근로소득세 또는 사업소득세), 고용보험 가입 여부

위의 조건을 따져보면 실제 회사에서 프리랜서 신분으로 일하지만, 근로기준법상 근로자로 인정받는 사람이 있을 수 있다. 이런 경우에는 근로기준법상 근로자로 인정되어 근로기준법의 보호를 받을 수 있으니 본인이 어떤 식으로 일하고 있는지 생각해보고 권리를 찾아보자.

비밀유지서약서에 서명하라는데 해도 될까요?

Q. 회사에서 비밀유지서약서에 서명하라고 합니다. 회사의 비밀을 외부에 누출하지 않겠다는 조항은 이해되는데, '퇴사하고 동종업계에 3년간 취업하지 않는다.' '비밀누설 시 3억을 손해배상해야 한다.' 등 무리한 내용이 쓰여 있습니다. 서명해도 될까요?

많은 회사에서는 입사하는 모든 직원에게 비밀유지서약서를 받고 있다. 아무 생각 없이 서류에 서명하려다 내용을 읽어보니 직원으로서는 부담이 될 수 있다. 지금 나는 회사에 충성할 마음이 가득한데 나를 믿지 않는 것 같다는 생각이 들 수도 있다. 그러나 회사 입장에서 생각해보면, 새 직원이 입사하면 독자적인 핵심기술이나 노하우를 공유할

텐데, 직원이 나중에 퇴사해 이를 다른 회사에 퍼트리거나 이것을 가지고 회사를 차린다면 아주 난감한 상황이 될 수밖에 없다.

회사가 주는 비밀유지서약서에 서명하는 것은 직원도 그 내용에 동의한다는 것이다. 항목을 지키지 않으면 책임은 고스란히 직원인 자신이 져야 한다. 책임지고 싶지 않아서 비밀유지서약서에 서명하지 않으면 회사의 업무를 제대로 하지 못할 것 같고, 또 업무를 위해 비밀유지서약서에 덜컥 서명했다가 나중에 책임져야 할 일이 생길 것 같고 이러지도 저러지도 못하는 상황이 생길 수 있다. 그렇다면 비밀유지서약서의 내용이 법적으로 문제가 있는지, 없는지를 알아보면 되지 않을까?

① 퇴직 후 동종업계에 3년간 취직하지 않는다.

처음 일을 시작한 분야가 식품업계면 식품, 제약이면 제약, 코스메틱이면 코스메틱에서 앞으로도 죽 일하게 된다. 다른 분야로 넘어가서 일하는 경우는 거의 찾아보기 어렵다. 그런데 이 회사에서 퇴사한 후 동종업계로 3년간 취직할 수 없다니, 이건 정말 가혹한 조항이 아닐 수 없다. 무조건 이 회사에서 정년까지 있으라는 말과 다를 바가 없다. 아니면 3년간 잠시 경력전환을 위해 노력해보든, 공부하든 하라는 말인가?!

비밀유지서약서에 사인했다는 이유로 3년 내 동종업계로 이직하면 회사로부터 무조건 고소당하거나 손해배상을 해야 하는 것은 아니다.

회사가 주장하는 회사의 비밀이 보호 가치가 있는 것인지, 직원이 회사에서 퇴직하기 전 지위가 어땠는지, 회사의 비밀을 지키는 데 회사가 직원에게 대가를 지급했는지 여부 등 종합적인 판단이 필요하다.

판례에서는 직업선택의 자유와 근로의 권리는 국민의 기본권에 속하므로, 근로자가 사용자와 사이의 근로관계 종료 후 사용자의 영업부류에 속한 거래를 하거나 동종의 업무에 종사하지 아니하기로 하는 등 경업금지약정을 한 경우, 그 약정은 사용자의 영업비밀이나 노하우, 고객관계 등 경업금지에 의하여 <u>보호할 가치가 있는 사용자의 이익이 존재하고, 경업제한의 기간과 지역 및 대상직종, 근로자에 대한 대가의 제공 여부, 근로자의 퇴직 전 지위 및 퇴직경위, 그 밖에 공공의 이익 등 관련 사정을 종합하여 근로자의 자유와 권리에 대한 합리적인 제한으로 인정되는 범위 내에서만 유효한 것으로 인정된다.</u> 그리고 경업금지 약정의 유효성을 인정할 수 있는 위와 같은 <u>제반 사정은 사용자가 주장·증명할 책임이 있다</u>(대법 2016. 10. 27., 2015다221903)고 말하고 있다는 것을 알아두자.

② 비밀누설 시 3억 원 손해배상

근로기준법 제20조에 따라 회사는 손해배상액을 특정할 수 없다.

회사가 실제 손해의 발생 여부나 손해 액수와 상관없이 회사의 비밀을 누설했다는 이유만으로 손해배상액을 미리 정해둘 수 없다는 말이다. 하지만 무조건 손해배상을 금지한다는 것은 아니다. <u>실제 비밀누설로 인하여 회사에 손해가 발생했다면 그 손해액만큼 직원에게 손해배상청구를 할 수는 있다는 점을 기억하자.</u>

근로기준법 제20조(위약 예정의 금지)
사용자는 근로계약 불이행에 대한 위약금 또는 손해배상액을 예정하는 계약을 체결하지 못한다.

2년 계약직인데 계약기간이 지나고 정규직이 되는 방법이 있나요?

Q. 2년 계약한 계약직입니다. 계약기간이 지났는데 회사에서 계약에 대해 가타부타 말이 없어서 계속 일은 하는데, 벌써 3개월이 지났어요. 이러다가 갑자기 회사에서 나가라면 어쩌나 걱정돼요. 처음 입사했을 때 잘하면 정규직이 될 수 있다고 해서 희망을 가지고 있습니다. 정규직이 되고 싶은데 가능할까요?

　정규직 직원과 계약직 직원의 차이는 무엇일까?

　정규직 직원은 일하는 근로기간이 정해져 있지 않은(회사와 일을 시작하는 날만 정해져 있음) 직원이고, 계약직 직원(기간제 직원이라고도 부른다)은 회사와 일할 기간을 미리 정해놓은 직원이다.

항목	기간
정규직 직원의 근로계약기간	2021년 1월 1일~ 2021년 1월 1일~정년까지
계약직 직원의 근로계약기간	2021년 1월 1일~2021년 12월 31일 2021년 1월 1일~2022년 12월 31일

　　무조건 정규직으로 채용해야만 하는 것은 아니다. 회사는 직원을 채용할 때 해당 직원을 정규직으로 채용할지 정할 수 있다. 다만, 회사는 직원을 계약직으로 채용하려고 할 때 「기간제 및 단시간근로자 보호 등에 관한 법률」(이하 '기간제법')을 지켜야 한다. 그래서 <u>회사는 직원과의 계약기간을 정할 때 2년을 넘길 수 없다.</u>

　　"네? 정말요? 그럼 저는 2년 계약직으로 들어왔고, 재계약 없이 3개월이 지난 상태이고, 법에서는 2년까지만 계약직으로 있을 수 있으니, 회사가 나가라고 하면 언제든지 나가야 한다는 말인가요?"

　　노! 그렇지 않다. 기간제법 제4조 제2항에 따라, <u>계약직 직원은 한 회사와 2년 넘게 근로계약을 했을 때 자동적으로 정규직이 된다.</u> 그러니 걱정하지 말자. 지금 당신은 한 회사에서 2년 3개월을 일하고 있으니 정규직 직원이 되었다. 그렇기에 회사에서는 정당한 이유 없이 당신을 내보낼 수 없다.

　　"근로계약서는 2년까지만 썼고, 3개월에 대한 것은 안 썼는데 괜찮을까요?"

괜찮다. 근로계약기간이 끝났으면 회사는 계약직 직원에게 계약만료가 되었다는 것을 말해주고 회사를 나가라고 이야기해주었어야 하는데 그러지 않았다. 그럼 그대로 근로계약이 이어지는 상황이라고 생각하면 된다.

기간제 및 단시간근로자 보호 등에 관한 법률 제4조(기간제근로자의 사용)
① 사용자는 2년을 초과하지 아니하는 범위 안에서(기간제 근로계약의 반복갱신 등의 경우에는 그 계속 근로한 총기간이 2년을 초과하지 아니하는 범위 안에서) 기간제근로자를 사용할 수 있다. -후략-
② 사용자가 제1항 단서의 사유가 없거나 소멸되었음에도 불구하고 2년을 초과하여 기간제근로자로 사용하는 경우에는 그 기간제근로자는 기간의 정함이 없는 근로계약을 체결한 근로자로 본다.

노무사　이 회사에서 일하신 지 얼마나 되셨어요?

직　원　아, 저는 10년째 이 회사에 다니고 있어요.

노무사　그럼 정규직이시겠군요.

직　원　아니에요. 저는 계약직입니다.

노무사　네? 왜 계약직이죠?

직　원　저희 회사 정규직은 따로 있고, 저는 매년 근로계약서를 새로 씁니다. 계약직이 맞아요.

노무사　아…(그게 아닌데……).

매년 근로계약서를 다시 쓰니 계약직을 10년간 해오고 있다고 생각하는 직원들이 많다. 하지만 이미 2년의 기간을 넘긴 지 오래되었다. 정규직이 된 지 8년이다. 간혹 회사에서도 직원과 같은 생각으로 계약직이라 생각하고 계약만료로 직원을 내보내는 경우가 있다. 직원은 회사와 매년 근로계약을 10년간 갱신해왔기에 직원은 당연히 다음 해에도 정말 별다른 일이나, 직원이 큰 실수를 저지르지 않는 이상은 재계약을 할 것이라는 기대를 가지고 있을 것이다. 이런 기대를 노동법적인 용어로 '근로계약 갱신기대권'이라 한다. 갱신기대권을 가지고 있는 직원을 계약만료로 내보내는 것은 부당해고가 된다는 점, 알아두자!

※ 부당해고가 된다면 ⇨ 노동청과 노동위원회의 차이 P.207 참고.

회사 직원 수가 중요할까요? (상시근로자 수 5인 이상 여부)

Q. 작아도 내실 있는 회사에 들어가서 회사와 함께 커가는 것이 꿈인 취업준비생입니다. 저의 이런 꿈을 이야기했더니 친구가 꿈은 꿈으로 남겨두라며, 인원수가 어느 정도 있는 곳에 들어가야 제 노동법적 권리 등을 지킬 수 있다는 말을 했습니다. 이게 무슨 말인지, 노동법적 권리를 지키는 데에 왜 회사 인원수가 중요한지 궁금합니다.

우리가 일할 때 직원으로서 가장 많이 적용되는 법이 근로기준법이다. 근로기준법은 직원이 일할 때의 최저기준을 정해서 우리의 노동인권을 향상해주기 위한 법이다. 근로기준법은 모든 회사에 적용이 되지만, 직원 수가 4명 이하인 회사에서는 근로기준법 일부만 적용된다.

근로기준법 제11조(적용 범위)
① 이 법은 상시 5명 이상의 근로자를 사용하는 모든 사업 또는 사업장에 적용한다. 다만, 동거하는 친족만을 사용하는 사업 또는 사업장과 가사(家事) 사용인에 대하여는 적용하지 아니한다.
② 상시 4명 이하의 근로자를 사용하는 사업 또는 사업장에 대하여는 대통령령으로 정하는 바에 따라 이 법의 일부 규정을 적용할 수 있다.
③ 이 법을 적용하는 경우에 상시 사용하는 근로자 수를 산정하는 방법은 대통령령으로 정한다.

즉, 회사의 직원 수가 5명 이상인지 아닌지에 따라 적용되는 근로기준법의 범위가 달라진다. 직원 수가 5명이 되지 않는 회사에서는 아래와 같이 근로기준법의 일부 규정이 적용되지 않는다.

① 법정근로시간 제한 없음

(1주 40시간, 연장근로 12시간을 넘겨서 일해도 된다.)

② 연차유급휴가 없음

③ 연장, 야간, 휴일에 일해도 가산수당 지급하지 않음

④ 생리휴가 없음

⑤ 휴업수당 지급하지 않음

(회사가 힘들어서 잠시 쉬어도 평균임금 70%의 휴업수당을 받을 수 없다.)

⑥ 해고 마음대로 가능(해고예고만 하면 된다.)

근로기준법의 규정을 적용받을 수 있는지는 회사의 직원 수를 계산해보면 알 수 있다. 기본적으로 직원 수가 정해져 있는 회사의 경우는 직원 수를 계산하는 데 어려움이 없겠지만, 회사에서 아르바이트생을 많이 쓰는 곳에서는 직원 수를 계산하는 것이 조금 까다롭다.

회사의 직원 수를 계산하는 계산식은 아래와 같다.

$$\text{상시근로자 수} = \frac{\text{사유발생일 전 1개월 내에 사용한 근로자의 연인원 수}}{\text{사유발생일 전 1개월 내의 사업장 가동일수}}$$

① 사유발생일 : 법이 적용되는 사유가 발생하거나 원인이 발생한 날

② 연인원(= 일한 직원 수) : 일정 기간 내에 일한 직원 수의 합

③ 가동일수 : 회사가 문을 연 날

예를 들어 한번 계산해볼까?

▷ 법 적용 사유발생 : 2021. 7. 1.

▷ 산정기간 : 2021. 6. 1. ~ 2021. 6. 30.

▷ 주 5일제 회사

▷ 산정기간에 일한 직원 수 : 111명

▷ 산정기간 동안 회사가 문을 연 날 : 22일

계산하면 다음과 같다.

⇨ 연인원 ÷ 가동일수 = 111명 ÷ 22일 = 약 5.04명

02 상시근로자 수 계산 예시

월	화	수	목	금	토	일
	1	2	3	4	5	6
	5	4	8	9		
7	8	9	10	11	12	13
3	5	3	8	6		
14	15	16	17	18	19	20
3	3	3	4	5		
21	22	23	24	25	26	27
7	8	5	4	3		
28	29	30				
4	5	6				

위의 계산식으로 직원 수가 5명 이상이 되더라도 직원 수가 5명 되지 않는 날이 전체 일수의 1/2 이상이라면 5명 이상의 회사가 아니고, 직원 수가 5명 미만이 되더라도 직원 수가 5명이 넘는 날이 전체 일수의 1/2 이상이라면 5명 미만의 회사가 아니라는 예외가 있다는 것을 기억해야 한다.

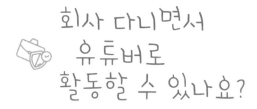

회사 다니면서 유튜버로 활동할 수 있나요?

Q. 요즘 유튜브가 대세고, 제 취미활동을 가지고 저도 유튜브를 해볼까 합니다. 유튜브가 잘되면 수익이 생길 텐데, 이걸 회사에서 겸업으로 볼까요? 문제가 생길 일이 있을까요?

2021년 2월 24일, 교육부와 한국직업능력개발원이 발표한 「2020년 초·중등 진로교육 현황조사 결과」를 보면, 초등학생들이 원하는 직업이 운동선수, 의사, 교사의 뒤를 이어 크리에이터가 4위를 차지했다.[5] 역시 유튜버가 대세이긴 한가 보다. 크리에이터를 꿈꾸는 학생이 늘고,

---

5 한겨레 2021. 2. 24. [학생 선호 직업, 유튜버 뚝↓ 의사·과학자 껑충↑…코로나19 때문?]

학생뿐 아니라 직장인도 유튜버에 도전하는 사람이 많아지고 있다.

"퇴근 후에 취미로 하는 건데 뭐 어때?"

"왜 취미활동을 못 하게 하나요?"

유튜버가 취미활동이라면 회사에서 이를 막을 이유가 없다. 하지만 개설한 채널이 잘되어 그로 인해 영상조회, 광고 등에 의한 수익이 발생하게 되면 문제가 될 수도 있다. 처음에는 유튜브가 진정한 취미활동이었을지 모른다. 하지만, 열심히 하다 보니 구독자수가 늘어나고, 조회수가 늘어나고, 광고 협찬이 많아지면서 그 수익이 월급을 넘어서게 되면 점점 직장생활을 등한시하고 오히려 취미였던 유튜브에 모든 것을 올인하게 된다. 그래서 유튜버 활동을 막는 회사가 많아졌다.

<u>직업선택의 자유는 헌법에서 보장된 권리이다.</u> 그렇기에 회사는 직원이 유튜버로 활동하는 것을 금지할 수 없다. 다만, 유튜버 활동으로 회사의 기밀이 유출되거나, 회사의 명예가 실추되거나, 회사 일을 소홀히 하는 등의 문제가 생긴다면 상황은 달라질 것이다. 회사는 이를 이유로 하여 직원에게 징계를 내릴 수도 있다.

브이로그(V-log)를 콘텐츠로 하는 유튜버에게 발생하는 문제들이다. 회사 속에서 본인의 생활을 보여준다며 컴퓨터 위에 카메라를 올려놓고 일을 하고, 편집과정에서 실수하여 회사의 기밀을 누출하고, 동료직원의 얼굴을 노출하여 문제가 발생할 수 있다. 혹은 근무시간에 과장님

이나 부장님 몰래 과자 먹기, 화장하기 등의 콘텐츠를 찍는 것도 문제가 된다. 일하는 시간은 회사의 업무를 위해 온전히 써야 한다. 그런데 그러지 않고 본인의 취미활동(?)인 유튜브를 위해 콘텐츠를 찍는다는 것은 업무를 게을리했다는 증거가 될 뿐이다(회사의 허락하에 찍는 콘텐츠는 O.K.).

새로운 취미로 반드시 유튜버를 선택해야겠다면, 회사를 소재로 삼는 것은 피하는 것이 좋다. 또한, 영상을 올릴 때 수익을 목적으로 하는 것이 아니라 본인의 취미생활이라는 점을 강조하는 것도 좋은 방법이다. 건전한 취미활동은 삶에 긍정적인 영향을 주고, 회사생활도 잘할 수 있는 원동력을 만들어준다. 하지만 내가 원래 어떤 일을 하는 사람인지를 생각하여 부업이 주업보다 우선시 되는 상황을 만들지 않아야 할 것이다. 이런 점을 주의한다면 유튜버로서 활동은 가능할 것이다.

PART 2

일하며

적당한 수습기간과 월급은 어떻게 되나요?

Q. 면접 당시 입사하게 되면 수습기간이 있다고 들었습니다. 수습기간은 보통 얼마나 되나요? 3개월이면 적당한 기간인가요? 수습기간에는 얼마 정도의 월급을 받는 것이 맞을까요?

① 적당한 수습기간은?

수습기간은 직원이 회사에 적응하며 일을 배우는 기간을 말한다. 법으로 정해진 기간이 아니기 때문에 반드시 수습기산이 있어야 하는 것은 아니다. 하지만 수습기간을 두려는 회사가 더 많은 것 같다. 회사마다 다르지만 짧게는 몇 주에서 길게는 6개월 이상을 수습기간으로 정한다. 단, 경력직은 회사에 새로 입사해도 수습기간을 두지 않는다. 아마도 이미 업무적인 것은 다 알고 있다고 생각해서 그런 것이 아닐까?

그렇다면, 법으로 정해지지 않았다고 하는 수습, 그 기간은 얼마로 정하는 것이 적당할까? 수습기간은 어찌 되었든 회사가 정하는 것이지만 얼마가 적당한지 직원들이 알고 있는 것도 나쁘지 않다고 생각한다.

<u>많은 회사를 자문하고 상담해본 결과 대개의 회사에서 수습기간은 3개월로 정하는 경우가 가장 많았다.</u> 간혹 직원의 수습기간을 더 늘리고 싶어 하는 회사가 있다. 이런 경우에는 해당 직원의 동의를 받아서 수습기간을 늘릴 수 있다. 동의가 없다면 수습기간은 처음에 정한 기간까지만 할 수 있다.

∴ 수습직원도 근로자입니다.

수습기간의 직원도 근로자에 해당하기 때문에 근로기준법의 보호를 받는다. 다만, 모든 규정이 적용되지는 않는다. 수습직원의 근로조건에 적용되는 예외규정이 있다.

① 평균임금을 계산할 때 수습기간이 포함되면 그 기간은 빼고 계산하고, ② 1년 이상의 기간을 정하여 근로계약을 체결하고 수습하고 있는 근로자로서 수습을 시작한 날부터 3개월 이내인 경우에는 최저임금의 90%까지 줄일 수 있다.

직원은 수습기간부터 회사와 근로계약을 체결하고 일한다. 그렇기에 퇴직금 계산 시 수습기간도 포함하여 계산한다는 점, 잊지 말자!

> 근로기준법 시행령 제2조(평균임금의 계산에서 제외되는 기간과 임금)
> -전략-
> 1. 수습을 시작한 날로부터 3개월 이내의 기간은 평균임금 산정기간에서 제외함
> -후략-
>
> 최저임금법 제5조(최저임금액)
> -전략-
> ② 1년 이상의 기간을 정하여 근로계약을 체결하고 수습 중에 있는 근로자로서 수습을 시작한 날부터 3개월 이내인 사람에 대하여는 대통령령으로 정하는 바에 따라 제1항에 따른 최저임금액과 다른 금액으로 최저임금액을 정할 수 있다.
> -후략-

② 수습기간의 적당한 월급은?

법에 수습기간에 대한 조항이 없기 때문에 정해진 월급도 없다. 회사는 수습직원에게 최저임금 이상만 주면 된다. 하지만 이것도 일정한 조건을 갖추면 최저임금을 주지 않아도 된다. 정규직 혹은 1년 이상 계약직으로 직원을 채용할 경우 회사는 직원의 수습기간 3개월까지 최저임금의 90%까지 지급해도 된다(다만, 직원의 업무가 단순노무직[6]에 해당한다면 무조건 최저임금 100%를 지급해야 한다).

---

6 고용노동부 장관 고시에 따라 단순노무업무에 해당하는 직종 -건설 및 광업 단순 종사자 -택배원, 음식 및 기타 배달원, 하역 및 적재 단순 종사자, 이삿짐운반원 -수작업 포장원, 제조업 단순 종사원, 제품 단순 선별원 -청소원, 환경미화원, 재활용 수거원 -건물관리원, 검표원 등, 아파트 경비원 -가사도우미, 육아도우미 -주방보조원, 패스트푸드 준비원, 주유원 등 판매 관련 단순 종사자 -주차관리원, 세탁원

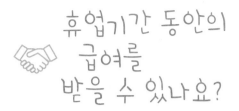
휴업기간 동안의 급여를 받을 수 있나요?

Q. 회사에서 인테리어 공사를 한 달간 진행해야 한다고, 집에서 쉬라고 말합니다, 그것도 무급으로요. 회사 때문에 쉬는 건데 무급으로 쉬는 게 맞는 건가요?

질문과 같이 회사가 이사하거나, 아니면 새로운 마음으로 시작하려고 회사 내 인테리어를 하는 경우가 있다. 인테리어를 할 때는 거의 사무실 전체를 뜯어고친다. 그럼 직원들은 사무실 내에서 일하지 못한다.

"사무실 인테리어 공사하는데 이게 한 달 정도 걸린다고 합니다. 다들 휴가 받았다 생각하고 한 달 동안 쉬었다가 다시 출근하세요! 아, 그동안은 일하지 않으니까 월급은 없어요."

생각지도 못한 휴가로 즐거움도 잠시. 한 달간 일을 안 하니 월급도 없다는 사장님의 말은 충격적일 것이다. 노동법의 기본원칙은 '무노동 무임금'이라는 것을 알고 있지만, 직원은 충분히 일할 수 있는데 회사 사정으로 일하지 못하는 것이지 않은가? 일하지 않으니 월급은 없다는 상황이 황당해서 할 말이 없다.

직원의 사정이 아닌 회사의 사정으로 인해 일하지 못해 직원이 임금을 받지 못하는 경우를 대비하여 근로기준법에서는 휴업수당[7]이라는 것을 만들었다(휴업수당[8]은 회사 내 직원 수 5명 이상인 경우에만 적용된다).

회사의 사정으로 일할 수 없을 때 직원은 회사로부터 평균임금의 70%를 휴업수당으로 지급받을 수 있다. 일하지 못하는 것은 회사 탓이기 때문이다(평균임금의 70%가 통상임금[9] 100%보다 적으면 통상임금 100%로 휴업수당 지급받아야 함).

※ 휴업수당 계산 사례 (1)

인테리어 기간(1개월) 동안 휴업하는 경우 직원 홍길동의 평균임금이 250만 원,

---

7 근로기준법 제46조 ① 사용자의 귀책사유로 휴업하는 경우에 사용자는 휴업기간 동안 그 근로자에게 평균임금의 100분의 70 이상의 수당을 지급하여야 한다. 다만, 평균임금 100분의 70에 해당하는 금액이 통상임금을 초과하는 경우에는 통상임금을 휴업수당으로 지급할 수 있다.
② 제1항에도 불구하고 부득이한 사유로 사업을 계속하는 것이 불가능하여 노동위원회의 승인을 받은 경우에는 제1항의 기준에 못 미치는 휴업수당을 지급할 수 있다.
8 위반 시 3년 이하의 징역 또는 2천만 원 이하의 벌금
9 통상임금: 매월 회사로부터 정기적, 일률적, 고정적으로 받는 임금

통상임금이 200만 원인 경우 휴업수당은 얼마를 지급받아야 할까?

① 평균임금의 70% 계산하기 : 250 X 70% = 1,750,000원

② 통상임금의 100% 계산하기 : 2,000,000원

③ 평균임금의 70%와 통상임금의 100% 중 어떤 것이 더 많은지 비교하기

  평균임금의 70% 1,750,000원 < 통상임금의 100% 2,000,000원

∴ 홍길동은 회사 인테리어 기간 1개월 동안 휴업수당으로 통상임금의 100%

  2,000,000원을 지급받아야 함.

※ 휴업수당 계산 사례 (2)

인테리어 기간(1개월) 동안 휴업을 실시하는 경우 직원 홍길동의 평균임금이

250만 원, 통상임금이 170만 원인 경우 휴업수당은 얼마를 지급받아야 할까?

① 평균임금의 70% 계산하기 : 250 X 70% = 1,750,000원

② 통상임금의 100% 계산하기 : 1,700,000원

③ 평균임금의 70%와 통상임금의 100% 중 어떤 것이 더 많은지 비교하기

  평균임금의 70% 1,750,000원 > 통상임금의 100% 1,700,000원

∴ 홍길동은 회사 인테리어 기간 1개월 동안 평균임금의 70% 1,750,000원 휴업

  수당을 지급받아야 함.

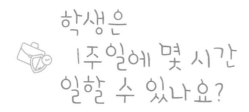

학생은
1주일에 몇 시간
일할 수 있나요?

Q. 고등학생입니다. 사고 싶은 물건이 있어서 아르바이트를 해보려고 하
   는데 학생은 일주일에 일할 수 있는 시간이 정해져 있나요?

　　고등학생은 근로기준법에서는 연소자라 불린다.[10] 근로기준법 안에
는 아직 학생이며 성인이 되지 못한 연소근로자를 보호하기 위한 규정
들이 있다. <u>만 15세 이상 만 18세 미만인 연소근로자는 1일 7시간, 1주
35시간까지 일할 수 있다. 회사와 합의하면 1일 1시간, 1주 5시간의 연
장근로를 할 수 있다.</u>

10　고등학생은 민법상 미성년자이나 근로기준법상으로 연소근로자로 정의한다.

야간(밤 10시부터 그다음 날 6시까지) 근로와 휴일(주휴일, 근로자의 날) 근로는 할 수 없을까? 가능하다. 그런데 조건이 있다. 회사는 일하는 고등학생에게 야간 또는 휴일에 일하는 것에 동의한다는 사인을 받고, 고용노동부 장관에게 허가받으면 된다.

그렇다면 만 15세가 되지 않은 학생은 1주일에 몇 시간 일할 수 있을까?

원칙적으로 만 15세 미만 청소년과 중학교에 재학 중인 18세 미만의 청소년은 일할 수 없다. 하지만 고용노동부 장관이 발급해주는 '취직인허증'을 가지고 있으면 일할 수 있다.[11] 그리고 이 나이대의 청소년은 일할 때 회사에 가족관계증명서와 법정후견인 동의서를 제출해야 한다.

우리나라의 모든 곳에서 일할 수 있는 것이 아니다. 일할 수 있는 장소도 정해져 있다. 청소년에게 유해하다고 생각되는 장소에서는 일할 수 없다. 더 쉽게 설명하자면, 연소근로자는 제조업체나 패스트푸드점, 술을 판매하지 않는 일반음식점, 편의점, 주유소 등에서는 일할 수 있지만 아래 나열된 곳에서는 일할 수 없다.

▷ 게임 제공업(PC방)

▷ 복합유통게임 제공업(오락실)

---

11 예술공연 참가를 위한 경우에는 13세 미만인 사람도 취직인허증을 받을 수 있다.

▷ 비디오물 소극장업(극장)

▷ 숙박업(단, 휴양콘도미니엄업과 호텔 등 국제회의시설 제외)

▷ 이용업

▷ 유독물 제조 및 영업

▷ 만화 대여업

▷ 주류판매 목적의 음식점(소주방·호프·카페 등)

▷ 목욕장업 중 안마실 설치 업소 및 개실 구획 영업장

▷ 티켓다방

▷ 그 외 도덕상 또는 보건상 유해·위험한 업종

그리고 청소년(연소근로자)도 근로기준법의 보호를 받기 때문에 성인근로자와 마찬가지로 최저임금 등 근로기준법에 나와 있는 기본적인 권리는 보장받을 수 있다는 점을 잊지 말자!

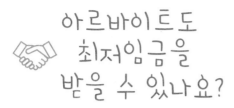

아르바이트도 최저임금을 받을 수 있나요?

Q. 이번에 처음 아르바이트를 해보려고 합니다. 저는 고등학교 1학년 학생입니다. 고등학생에게도 최저임금이 해당될까요?

아르바이트가 처음이면 임금을 적게 줘도 될 것 같다거나, 일이 처음이라 경험이 없으니 최저임금을 주는 것은 좀 과하다고 생각하는 사장님이 있다. 하지만 이건 잘못된 생각이다.

<u>최저임금은 우리나라에서 일하는 모든 사람에게 다 적용된다.</u> 성인, 연소근로자, 우리나라 안에서 일하는 외국인근로자에게도 적용된다. 나이, 성별, 국적을 구분하지 않는다. 불법체류자 신분으로 일하는 외국인근로자에게도 적용되는 것이 바로 최저임금이다. 2020년 8월 5일 확

정된 2021년 최저임금은 8,720원이다(2022년 기준 9,160원).

성인과 연소근로자를 비교해보았을 때 왠지 성인은 연소근로자보다 돈을 더 받아야 할 것 같고, 연소근로자는 성인보다 돈을 더 적게 받아야 할 것 같은 느낌이 드는데, 징말 최저임금은 대한민국 안에서 일하는 모든 사람에게 다 똑같이 적용되는 것일까? <u>다 똑같이 적용된다.</u>

그래도 어디에나 예외는 있는 법. 최저임금법 제3조와 제7조에 명시되어 있는 대로 최저임금이 적용되지 않을 때도 있다.

최저임금법 제3조(적용범위)
① 이 법은 근로자를 사용하는 모든 사업 또는 사업장(이하 "사업"이라 한다)에 적용한다. 다만, 동거하는 친족만을 사용하는 사업과 가사(家事) 사용인에게는 적용하지 아니한다.
② 이 법은 「선원법」의 적용을 받는 선원과 선원을 사용하는 선박의 소유자에게는 적용하지 아니한다.

최저임금법 제7조(최저임금의 적용 제외)
다음 각 호의 어느 하나에 해당하는 사람으로서 사용자가 대통령령으로 정하는 바에 따라 고용노동부 장관의 인가를 받은 사람에 대하여는 제6조를 적용하지 아니한다.
① 정신장애나 신체장애로 근로능력이 현저히 낮은 사람
② 그 밖에 최저임금을 적용하는 것이 적당하지 아니하다고 인정되는 사람

---

① 최저임금법 제3조의 1항

① 최저임금법 제3조의 제1항 단서 '동거의 친족만을 사용하는 사업'

한 집에서 같이 사는 사장과 직원이 하고 있는 사업을 말한다. 즉, 가족

끼리 일을 하므로 누가 사장님이고 직원인지를 가리기가 어려워 최저임금을 적용하지 않는다. 다만, 동거하는 친족과 더불어 가족관계가 아닌 다른 직원이 함께 일을 하고 있다면 최저임금이 적용된다.

② 최저임금법 제3조의 제2항 단서 '선원 또는 선박 소유자'

배를 타는 선원은 『선원법』에 의해 따로 보호받는다.

② 최저임금법 제7조

① 정신장애나 신체장애로 근로능력이 현저히 낮은 사람

정신 또는 신체 장애인으로서 담당하는 업무를 할 때 장애로 인하여 평균 작업능력에 미치지 못하는 직원은 고용노동부 장관의 인가를 받는 경우 최저임금에 못 미치는 금액을 주어도 된다(작업능력은 「장애인고용촉진 및 직업재활법」 제43조에 따른 한국장애인고용촉진공단의 의견을 들어 판단해야 한다).

② 그 밖에 최저임금을 적용하는 것이 적당하지 않다고 인정되는 사람

최저임금법 시행령 제3조[12]에 따른 수습근로자를 말한다.

---

12 최저임금법 시행령 제3조(수습 중에 있는 근로자에 대한 최저임금액)
『최저임금법』(이하 "법"이라 한다) 제5조 제2항 본문에 따라 1년 이상의 기간을 정하여 근로계약을 체결하고 수습 중에 있는 근로자로서 수습을 시작한 날부터 3개월 이내인 사람에 대해서는 같은 조 제1항 후단에 따른 시간급 최저임금액(최저임금으로 정한 금액을 말한다. 이하 같다)에서 100분의 10을 뺀 금액을 그 근로자의 시간급 최저임금액으로 한다.

현재 고등학교 1학년의 학생이라고 하더라도 대한민국 국민임은 틀림이 없다. 따라서 최저임금은 무조건 적용받는다. 다만, 1년 이상 근로계약을 맺은 상태에서 3개월의 수습기간은 최저임금의 90%까지 낮춰 돈을 받을 수도 있다. 하지만 기간이 지나면 법으로 정해진 최저임금을 무조건 받아야 한다.

일을 처음 한다고 하여, 혹은 고등학생이라고 하여 최저임금을 못 주겠다는 사람은 다 법을 위반하고 있는 사람이다. 최저임금을 달라고 다시 한번 사장님에게 이야기해보고 그래도 안 주면 그때 신고하자.

출근시간은
10시인데 9시 30분까지
출근하래요.

Q. 채용공고나 면접에서 회사는 10시부터 일을 시작한다고 했습니다. 채용이 확정되고 나니 회사에서 무조건 9시 30분까지는 출근해야 한다고 합니다. 10시부터가 일하는 시간인데 9시 30분까지 출근해야 한다는 것이 말이 안 된다고 생각합니다.

　　노동법 절대 원칙! 유노동 유임금, 무노동 무임금! 일하는 시간만큼 돈을 받고, 일하지 않으면 돈을 받지 못하는 것이다. 그래서 우리는 일을 할 때 일하는 시간이 시급, 월급만큼 중요하다. 일하는 시간에 따라서 내가 받는 돈이 달라지니까 말이다. <u>근로시간은 회사에서 지휘·감독을 받으면서 일하는 시간이다.</u> 대개 출근하는 시간부터 퇴근하는 시간까지이고, 휴게시간은 뺀 시간이다.

질문의 사례는 생각보다 우리나라 회사에서 많이 일어나는 일 중 하나다. 근로계약서에는 10시부터 일하는 시간이라 쓰여 있음에도 불구하고 상사가 무조건 늦어도 9시 30분까지는 출근해야 한다고 강요하며, 그보다 늦게 오면 징계를 주기도 한다. 일찍 출근하면? 별달리 칭찬하지 않는다. 당연하다고 생각해서 칭찬할 필요성을 느끼지 못한다.

근로계약서는 말로 약속했던 근로조건을 공식문서로 확인할 수 있도록 해서 나중에 싸움을 막기 위한 것이다. 따라서 회사와 직원의 공식문서인 근로계약서에 쓰인 근로시간을 지켜 출근하면 된다. 30분 이른 출근을 거부해도 된다는 말이다. 30분 일찍 출근을 거부했다고 하여 인사평가를 안 좋게 하거나 징계를 하는 것은 있을 수 없는 일이다.

이러한 일은 회사와 직원의 시선 차이에서 비롯된다고 생각한다.

① 회사 생각

10시부터 일하는 시간이 시작된다면 그전에 일찍 회사에 도착하여 일할 준비를 마치고 10시 '땡' 하는 순간 바로 일을 할 수 있어야 한다고 말하는 사람들이 있다.

"학교 수업이 10시에 있다고 했을 때, 10시에 딱 맞춰 가지 않잖아요. 그전에 가서 자리 맡고, 수업 들을 준비하고 있으니, 그것과 같은 것이 아닐까요?"

대법원 판례(대법원 1993. 5. 27., 92다24509, 대법 1993. 3. 9., 92다22770)는 회사에 출근해 미리 업무를 준비하는 시간도 근로시간에 해당한다고 보고 있다. 따라서 흔히 말하는 '칼출근'해도 괜찮다는 말이다.

② 직원 생각

"일찍 가서 수업 준비를 하는 것과 일찍 출근하는 것은 다르다고 생각합니다. 학교 수업을 들을 때는 수업시간보다 먼저 도착해서 준비를 해도 되고, 수업이 시작하는 시간에 맞춰 도착해도 됩니다. 수업시간에 맞춰 도착한다고 교수님한테 혼나지 않습니다. 하지만 출근은 다릅니다. 회사에서 일찍 출근하기를 강요하는 것이고, 또 그 말을 듣지 않으면 지적을 당하니까요."

고용노동부 행정해석과 대법원 판례의 입장을 받아들여 출근시간은 근로계약서에 쓰여 있는 대로 지키면 된다. 회사가 근로계약서를 무시하고 근로계약서에 쓰인 시간보다 일찍 오라고 강요하고, 일찍 출근하지 않은 경우 지적을 당한다면, 그 30분은 근로시간으로 인정되어 회사에 추가수당을 요구할 수 있다.

∴ 근로시간으로 인정되는 상황

근로시간이란 직원이 사장님의 지휘·감독을 받으며 일하는 시간을 말한다. 사장님이 지시했는지, 일하는 데 있어 얼마나 참여할지, 일을 안

했을 때 지적받는지, 일하는 시간과 장소가 정해져 있는지 등 구체적인 사실관계를 살펴보고 사례별로 근로시간이다, 아니다를 판단한다.

03 사례별 근로시간 인정 여부

항목	내용
휴게시간 대기시간	·휴게시간은 직원이 사장님의 지휘·감독을 벗어나 자유롭게 이용할 수 있는 시간을 말한다. 일하는 시간 동안 휴게시간이 정확히 정해져 있고, 회사 내에 쉴 수 있는 공간이 마련되어 있으며, 자유롭게 내가 활용할 수 있는 시간이 있다면 그것은 휴게시간이다. ·일하기 위해 대기하는 시간, 즉 손님이 없어 잠시 쉬고 있으나 손님이 오면 언제든지 일을 할 준비가 되어 있는 시간은 대기시간으로, 근로시간에 속한다.
교육시간	·일하기 전에 필요한 지시를 받거나 안전교육을 받는 교육시간은 근로시간에 해당한다. ·일하면서 의무적으로 반드시 참석해야만 하는 교육도 근로시간에 해당한다.
출장	·출장지로 출근 또는 출장지에서 퇴근하는 이동시간은 일반적으로 근로시간으로 인정하지 않는다. 다만 회사의 규칙에서 이동하는 시간을 근로시간으로 약속했다면 근로시간으로 인정한다.
워크숍 세미나	·업무수행을 효과적으로 하기 위해 논의하는 목적의 워크숍이나 세미나는 근로시간이다. ·단순히 직원의 단합을 위한 워크숍이나 세미나는 근로시간이 아니다. ·업무수행 효과성을 위한 워크숍이라고 해도 그 안에 직원 간에 친목도모 시간이 포함되면 그 시간은 근로시간에서 빼야 한다.
야유회 체육대회	·야유회나 체육대회의 참가가 무조건이라면 그 시간은 근로시간으로 봐야 한다.
회식	·일과 상관없이 조직결속과 친목노모 등을 위한 회식은 원칙적으로 근로시간이 아니다. 무조건 참석하라고 했다고 해서 근로시간으로 보기도 어렵다.
조기출근	·직원 자유에 의한 조기출근은 근로시간이 아니지만, 회사가 강제적으로 조기출근을 시키거나, 조기출근하지 않았다고 하여 징계를 주면 근로시간에 해당한다.

야근하면 돈을
더 받을 수 있나요?
(연장·야간·휴일근로수당
계산하기)

Q. 저는 9시부터 18시까지 일합니다. 가끔 일이 바쁘면 2시간 정도 야근을 할 때가 있습니다. 회사에서 일하다 보면 그런 일은 당연히 있을 수 있다고 생각했는데, 친구가 저에게 야근수당은 받으면서 일하느냐고 묻더라고요. 제 경우 야근수당을 받을 수 있는 건가요?

"오늘 칼퇴 각? 치킨 먹자!"

"아니, 나 야근! 9시 전에는 퇴근할 수 있었으면 좋겠다. 우울한 내 인생……"

퇴근시간을 넘어서 일하면 우리는 '야근'한다고 말한다. 하지만 이건 직원 간에 통용되는 언어일 뿐 근로기준법에서 말하는 야근, 즉 야간근로와는 정의가 다르다. 근로기준법에서는 근로계약서에 적힌 근로시간 외에 일하는 경우를 연장근로, 휴일근로, 야간근로로 나누어서 말한다. 앞의 대화에서 말한 야근은 근로기준법상에서는 야근이 아니라 '연장근로'라 말할 수 있다.

04 시간 외 근로의 종류와 정의

근로형태	내용
연장근로	근로계약서에 적힌 퇴근시간을 넘어서 일하는 것
야간근로	밤 10시부터 그다음 날 새벽 6시 사이에 일하는 것
휴일근로	법정휴일(주휴일, 근로자의 날)이나 약정휴일(회사가 정하는 휴일)에 일하는 것

회사에서는 근로계약서에 적힌 시간보다 일을 더 할 때에 직원에게 그에 대하여 보상을 해줘야 한다. 어떻게? 돈으로! 일이 많아서 어쩔 수 없이 연장근로를 한 경우에는 회사는 직원에게 일한 시간만큼의 돈을 더 주어야 한다.

연장근로 시 회사에서 주는 돈은 가산수당, 시간외근로수당, 잔업수당, OT수당 등등 여러 이름으로 불린다(정식명칭은 '연장근로수당'). 그런데 이 수당은 회사의 상시직원 수가 5명 이상인 곳에서만 해당한다. 직원 수가 5명이 되지 못한 회사에서는 그냥 일한 만큼의 돈만 지급받을 수 있다는 점을 기억해두자(야간근로와 휴일근로도 마찬가지다)!

> 근로기준법 제56조(연장·야간 및 휴일 근로)
> ① 사용자는 연장근로(제53조·제59조 및 제69조 단서에 따라 연장된 시간의 근로를 말한다)에 대하여는 통상임금의 100분의 50 이상을 가산하여 근로자에게 지급하여야 한다.
> ② 제1항에도 불구하고 사용자는 휴일근로에 대하여는 다음 각 호의 기준에 따른 금액 이상을 가산하여 근로자에게 지급하여야 한다.
> 1. 8시간 이내의 휴일근로: 통상임금의 100분의 50
> 2. 8시간을 초과한 휴일근로: 통상임금의 100분의 100
> ③ 사용자는 야간근로(오후 10시부터 다음 날 오전 6시 사이의 근로를 말한다)에 대하여는 통상임금의 100분의 50 이상을 가산하여 근로자에게 지급하여야 한다.

그럼 연장근로를 했을 때 내가 받아야 하는 돈, 계산은 어떻게 해야할까? 이것은 시급으로 돈을 받는 직원과 월급으로 돈을 받는 직원의 계산이 조금 다르다.

① 시급직의 연장근로수당 계산방법

시급직은 연장근로수당에 대한 계산이 쉽다. 내가 받는 시급에 연장근로한 시간에 1.5를 곱해주면 된다.

예) [시급 : 9,000원 / 1주 연장근로 총 4시간]

　9,000원 × 4시간 × 1.5 = 54,000원

② 월급직의 연장근로수당 계산방법

월급직이 연장근로수당을 계산하기 위해서는 한 가지 절차를 거쳐야 한다. 시간당 통상임금을 구해야 하는 것이다. 통상임금이란 내가 일하는 것에 대하여 매달 고정적으로 받기로 한 월급을 말한다. 즉, 월급을 시급으로 바꾸는 과정을 거쳐야 한다는 것이다. 받기로 한 한 달 월급을 한 달 일하기로 한 시간으로 나누면 시간당 통상임금이 나온다.

$$시간당\ 통상임금 = \frac{월\ 통상임금}{월\ 소정근로시간}$$

1주일에 5일, 1일 8시간, 1주 40시간 일하며 200만 원의 월급을 받는 직원을 예로 들어보자.

① 월 소정근로시간[13] 구하기

ⅰ) 한 달 치 일하는 시간 계산하기

1주에 40시간을 일한다고 했을 때, 한 달에 일하는 시간은 얼마일까? 바꾸어 질문하면 한 달은 몇 주일까? 4주? 5주? 4주인 달도 있고, 5주인 달도 있어 정답을 말하기 애매하다. 그래서 노동관계법령에서는 한 달을 4.345주[14]라고 정하고 있다.

---

13 소정근로시간: 회사와 일하기로 약속한 시간
14 한 달 평균 주수 계산하기 : 365일 / 12개월 / 7일 = 약 4.345주

ii) 한 달 치 주휴수당 계산하기

또 하나 기억해야 할 것은 우리가 시급제로 일을 할 때는 일하는 조건에 따라 주휴수당을 받을 수도 있고, 받지 못할 수도 있지만 일반적으로 월급을 받을 때에는 주휴수당이 포함되어 있다는 것이다. 그렇기 때문에 소정근로시간을 구할 때는 주휴수당도 계산하여 함께 더해주어야 한다. 위의 예에서는 1주 주휴수당은 8시간이다(주휴수당에 대해서는 뒤에 다시 한번 설명하도록 하겠다).

▷ 한 달 소정근로시간 : 40시간 × 4.345주 = 173.8시간 (반올림하여 174시간)

▷ 한 달 주휴수당 : 8시간 × 4.345주 = 34.76시간 (반올림하여 35시간)

▷ 한 달 총소정근로시간 : 174시간 + 35시간 = 209시간

② 시간당 통상임금 구하기

계산식 : 월 통상임금 / 월 소정근로시간

▷ 대입 : 2,000,000원 / 209시간 = 9,569.3원 (약 9,569원)

③ 연장근로수당 구하기(1주 연장근로 총 4시간 했을 때)

[통상임금 : 9,569원 / 1주 연장근로 총 4시간]

▷ 9,569원 × 4시간 × 1.5 = 57,414원

③ 연장근로와 야간근로가 겹치는 경우 연장근로수당 계산방법

"오늘도 칼퇴 못 했어? 늦게까지 일했어?"

"6시 칼퇴는 무슨…, 내일 프로젝트 마감이라. 12시까지 일하다가 왔어."

일이 많아 6시간 연장근로를 했으니, 6시간의 연장근로수당을 세산하여 더 받아야 할 것이다. 그런데 여기서 하나 더 살펴봐야 한다. 6시간의 연장근로를 하면서 야간근로도 했다는 사실을 말이다. 즉, 6시간의 연장근로 안에는 2시간의 야간근로(밤 10~12시)가 포함되어 있다. 이때는 나의 연장근로, 즉 시간외근로수당을 계산할 때 연장근로와 야간근로를 중복해서 계산해야 한다.

위와 같이 월급을 받는다고 예를 들어보자. 통상임금 9,569원이다.

▷ 연장근로 총 6시간 : 9,569원 × 6시간 × 1.5 = 86,121원

▷ 야간근로 총 2시간 : 9,569원 × 2시간 × 0.5 = 9,569원

▷ 연장근로 + 야간근로수당 : 95,690원

야간근로를 계산할 때는 왜 1.5가 아니라 0.5를 곱힐까? 연상근로를 계산했을 때 6시간 전체 시간에 대하여 1.5를 해주었으니 야간근로를 계산할 때는 0.5만 곱해주면 되는 것이다.

일하는 시간	근로의 대가	연장근로 대가	야간근로 대가
오후 6시~밤 10시 (18:00~22:00)	100%	50%	
오후 10시~ 다음 날 아침 6시 (22:00~06:00)	100%	50%	50%

휴일(쉬기로 한 날)에 일했을 때 연장근로를 하게 되면 그에 대한 수당을 더 받을 수 있다. 내가 휴일에 일했을 때 돈을 얼마나 더 받아야 하는지 궁금하다면 아래 표를 참고하여 계산해보자.

06 연장근로·야간근로·휴일근로가 섞인 경우

일하는 시간	근로의 대가	휴일근로 대가	휴일근로 시 연장근로 중복	휴일근로 시 야간근로 중복
아침 9시~오후 6시 (09:00~18:00)	100%	50%		
오후 6시~밤 10시 (18:00~22:00)	100%	50%	50%	
오후 10시~ 다음 날 아침 6시 (22:00~06:00)	100%	50%	50%	50%

예) 휴일에 아침 9시~밤 9시(중간에 1시간 휴게)까지 총 11시간 근무를 한 경우 내가 받아야 하는 휴일근로수당은 얼마일까(통상임금은 위와 동일하게 9,569원으로 가정)?

[총 11시간 일함 / 1일 최대 일할 수 있는 시간이 8시간이므로 3시간 연장근로함]

▷ 휴일근로 총 11시간 : 9,569원 × 11시간 × 1.5 = 157,888.5원

(반올림하여 157,889원)

▷ 연장근로 총 3시간 : 9,569원 × 3시간 × 0.5 = 14,353.5원

(반올림하여 14,354원)

▷ 휴일근로 + 연장근로수당 : 172,243원

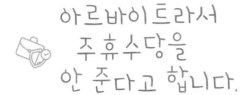

아르바이트라서 주휴수당을 안 준다고 합니다.

Q. 아르바이트를 하고 있습니다. 친구가 주휴수당을 받는지 물어봐서 사장님한테 주휴수당을 달라고 말해보았더니, 아르바이트는 그런 것이 해당되지 않는다고 합니다.

"주휴수당 받고 있나요?"

"주유수당이요? 저 차 없는데요."

주휴수당! 예전에는 주휴수당의 개념을 모르는 직원들이 많았다. 일한 것에 대한 시급만 잘 챙겨 받으면 문제없다고 생각했던 경우가 대부분이었을 것이다. 하지만 요즘은 시대가 많이 달라진 느낌이다. 이제는 주휴수당에 대한 개념을 거의 다 알고 있다. 특히 아르바이트의 신분으로 일하는 직원이라면. 물론 예외도 있다.

그럼 주휴수당은 무엇을 말하는 것일까? 직원이 회사와 일하기로 약속한 날에 모두 출근을 한다면 1일의 유급휴일을 주는 것을 말한다. <u>좀 더 쉽게 설명하자면, 회사와 일하기로 한 날에 모두 출근해서 일하면 하루 치 임금을 더 받는 것이 주휴수당이다.</u>

회사랑 일하기로 약속한 날에 모두 출근하면 무조건 주휴수당을 받을 수 있는 것은 아니다. 두 가지의 조건을 갖추어야만 한다.

① 1주에 일하기로 약속한 시간이 15시간 이상이어야 하며,
② 1주 사장님과 일하기로 한 날에 개근해야 한다.

위의 조건을 모두 갖춘 사람에게만 주휴수당이 주어진다. 정규직 직원, 계약직 직원, 아르바이트의 경우 모두 두 가지 조건을 갖추고 있다면 주휴수당을 받을 수 있다. 많은 사람이 헷갈리는 것 중 하나가 ②의 조건이다. 학교 다닐 때의 개근은 지각이나 조퇴도 하지 않는 것을 '개근'이라 말했었다. 하지만 일할 때 개근의 의미는 다르다. 결근의 반대말이다. 즉, 회사와 일하기로 약속한 날에 지각이나 조퇴가 있었어도, 회사에 갔다면 개근인 것이다.

근로의 대가인 돈을 월급으로 받는 직원에게는 그 안에 기본적으로

주휴수당이 포함되어 있다(예: 월급 2,000,000원(주휴수당 포함)). 그럼 월급이 아니라 시급으로 돈을 받기로 한 직원은 주휴수당을 어떻게 계산할까? 아래와 같은 계산식을 사용하면 된다.

$$주휴수당 = \frac{1주일 \ 총 \ 근로시간}{40시간(법정주당근로시간)} \times 8 \times 시급$$

예) [근로일 : 월요일~금요일 / 1일 근로시간 : 6시간 / 시급 : 10,000원]

(5일 × 6시간 / 40) × 8 × 10,000원 = 60,000원

일할 때 웬만하면 결근하지 않는 것이 좋다. 성실히 일하는 것이 직원의 의무라서? 꼭 그런 것만은 아니다. 왜 그런지는 아래의 계산식을 보면 알 수 있다.

07 1주일 개근 시 총 주급

월	화	수	목	금	토	일
6	6	6	6	6		주휴일

▷ 1주 주급 : 6시간 × 5일 × 10,000원 = 300,000원

▷ 주휴수당 : (5일 × 6시간 / 40) × 8 × 10,000원 = 60,000원

▷ 1주 총주급(주휴수당 포함) : 360,000원

월	화	수	목	금	토	일
6	6	0	6	6		주휴일 ×

▷ 1주 주급 : 6시간 × 4일 × 10,000원 = 240,000원

▷ 주휴수당 : 없음

▷ 1주 총주급(주휴수당 포함) : 240,000원

　　일주일 개근하면 360,000원인데 하루 빠지면 240,000원이 된다. 즉, 일주일 개근 시에는 5일 일을 해도 6일분의 돈을 받는데 하루 빠지면 4일분의 돈밖에 받지 못하는 결과를 얻게 된다. 성실히 결근하지 않고 일하는 것이 돈 버는 지름길이다.

시급제 직원의 근로자의 날 수당은 어떻게 계산하나요?

Q. 근로계약서에 월급이 아닌 시급으로 계약하여 월마다 근로한 날을 기준으로 급여를 받는데, 근로자의 날의 휴일에 대한 수당을 받을 수 있나요?

근로자의 날은 매년 돌아오는 5월 1일이다. 비록 달력에는 까만색으로 표시된 날이지만 근로기준법상의 근로자로 인정되는 직원이라면 모두 법적으로 쉬는 법정 유급휴일이다. 즉, 사전에 회사에 근로 제공 의무가 없는 날이며, 실제 출근해서 일하지 않았어도 1일 근로에 대한 임금을 지급받을 수 있는 날, 쉽게 말해서 출근하지 않지만 돈은 받는 날이다.

많은 회사에서는 근로자의 날에는 대부분 쉰다. 그래서 문제가 되는 경우가 거의 없다. 하지만 회사 특성상 근로자의 날에 쉴 수 없거나, 갑자기 근로자의 날에 출근하는 일이 생기면 어떻게 해야 하는가? 질문의 경우 근로자의 날에 일했다면 법정 휴일에 근로한 것이니 근로자의 날에 일한 직원은 회사로부터 휴일근로수당을 지급받으면 된다.

※ 시급제 홍길동 / 시급 10,000원 / 1일 8시간 근로 / 근로일 : 월 ~ 금

1 시급제 직원이 근로자의 날 일한 경우

① 직원 수 5명 미만인 회사(연장·야간·휴일근로수당이 없음)

출근 안 해도 받을 수 있는 시급 : 10,000원 X 8시간 = 80,000원

출근의 대가 : 10,000원 X 8시간 = 80,000원

= 총 160,000원

② 직원 수 5명 이상인 회사

출근 안 해도 받을 수 있는 시급 : 10,000원 X 8시간 = 80,000원

출근의 대가 : 10,000원 X 8시간 = 80,000원

근로자의 날(휴일근로)에 대한 휴일근로수당 :

10,000원 X 8시간 X 50% = 40,000원

= 총 200,000원

※ 월급제 직원이 근로자의 날에 일한 경우는?

월급제 직원의 경우, 월급에 이미 근로자의 날에 대한 수당이 포함되어 있다. 따라서 이러한 경우에는 근로자의 날에 일한 것에 대한 임금과 휴일근로수당(직원 수 5명 이상인 회사에만 해당)을 지급받으면 된다.

※ 근로자의 날과 다른 날을 바꿀 수 있을까?

근로자의 날이 화요일, 수요일, 목요일 중에 있는 경우 회사에서 월요일 또는 금요일과 바꾸어 연달아 쉬자고 제안하는 경우가 있다. 하지만 이것은 절대 불가한 사항이다. 근로자의 날은 「근로자의 날 제정에 관한 법률」[15]에 따라 매년 5월 1일로 날짜가 정해져 있기 때문이다. 회사와 직원이 모두 동의해서 근로자의 날과 다른 날을 바꾸어 쉰다 해도 근로자의 날 일한 것은 휴일근로가 된다. 따라서 앞서 말했듯 회사에 휴일근로수당을 청구할 수 있다는 점 기억하자.

---

15 5월 1일을 근로자의 날로 하고, 이날을 「근로기준법」에 따른 유급휴일(有給休日)로 한다.

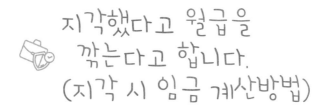

지각했다고 월급을
깎는다고 합니다.
(지각 시 임금 계산방법)

Q. 집을 이사해서 아침 통근시간이 1시간이나 늘었습니다. 사회생활하면 출근시간을 지켜야 한다고 알고 있지만, 이사한 곳에서 출퇴근 적응이 쉽지 않아 지난달에 30분씩 네 번 정도 지각을 했습니다. 회사에서 제가 이사 갔다는 사정을 다 알고 있으면서 지각한 시간만큼 월급을 깎는다고 합니다. 저를 이해해주지 못하는 회사가 너무 밉습니다.

회사에 다니며 지각하지 않는 것은 가장 기본적인 직원의 의무일 것이다. 하지만 세상의 모든 일이 내 뜻대로 되지는 않는다. 지각하면 안 된다는 것을 알지만, 지각하지 않으려고 수많은 노력을 하여도 본의 아닌 교통체증, 사고, 늦잠 등 여러 가지 이유로 지각을 할 때가 있다.

회사들이 인정이 없지는 않다. 한두 번 지각은 봐주기도 한다. 하지만 지각하는 횟수가 많아지면 회사는 이를 그냥 눈감아 주기 힘들다. 노동법의 절대 원칙을 적용할 수밖에 없다.

노동법의 절대 원칙 : '무노동 무임금'

"일하지 않은 자, 돈 받지 못한다."

일을 안 한 시간은 돈을 주지 않는다는 원칙이다.

9시에 출근하고 오후 6시에 퇴근하는 회사에 다닌다고 생각해보자. 30분 지각으로 9시 30분에 회사에 도착했을 때 퇴근은 언제 할까? 대부분의 직원들은 오후 6시에 퇴근할 것이다. 지각하여 일을 못 한 30분은 '무노동 무임금' 원칙을 적용해 그만큼 돈을 빼야 한다. 너무 인정 없다 하지 마라. 30분의 돈을 더 받고 싶으면 지각한 시간만큼 퇴근시간을 늦추면 된다. 회사와 일하기로 약속한 8시간의 시간을 채워 일하면 월급이 깎이는 일은 없을 것이다.

그럼 지각했을 때 임금은 얼마나 깎이게 되는 것일까? 시급을 받는 직원은 시급으로 계산하면 되고, 월급을 받는 직원은 앞에서 말한 것처럼 통상임금을 먼저 계산하자.

① 시급직의 경우

시급직의 경우는 일한 만큼의 시급만 계산하니 지각 시 깎이게 되는 임금은 없을 것이다. 다만, 지각한 것이니 주휴수당은 그대로! 주휴수당까지 깎아서 받는 것은 안 된다는 점을 알아두자!

② 월급직의 경우

월급직은 통상임금을 구한 후 지각한 만큼 그 시간을 **빼면** 된다.

▷ [월급 2,000,000원 / 통상임금 9,569원 / 지각 2시간]

▷ 9,569원 × 2시간 = 19,138원 (지각하여 빼야 하는 임금)

▷ 월급 2,000,000원 - 19,138원 = 1,980,862원

일할 때 쉬는 시간이 있나요?

Q. 주말 아르바이트를 하고 있습니다. 쉬는 시간 없이 8시간을 내리 일하려니 너무 힘듭니다. 밥도 중간에 좀 한가하다 싶으면 알아서 먹어야 하고, 그것도 먹다가 바빠지면 못 먹습니다. 일할 때 쉬는 시간이 있어야 하는 것이 맞는 것 같은데, 법적으로 쉬는 시간이 있나요?

일하는 것만큼 쉬는 것도 중요하다. 일만 하면 지치고, 몸도 상하고, 나중에는 일할 수 없는 건강상태가 될 수도 있기 때문이다. 그래서 근로기준법에는 근무시간에 쉬는 시간을 반드시 주도록 되어 있다. 일하는 시간에 따라 쉬는 시간이 달라지는데, <u>4시간 일하면 30분, 8시간을 일하면 1시간의 쉬는 시간을 줘야 한다.</u>

> 근로기준법 제54조(휴게)
> ① 사용자는 근로시간이 4시간인 경우에는 30분 이상, 8시간인 경우에는 1시간
>   이상의 휴게시간을 근로시간 도중에 주어야 한다.
> ② 휴게시간은 근로자가 자유롭게 이용할 수 있다.

휴게시간은 직원이 사장님의 눈치를 보지 않고 자유롭게 쓸 수 있는 시간이다. 직원은 휴게시간을 원하는 곳에 쓸 수 있어, 그 시간은 근로시간이 아니며, 시급(월급) 계산에 들어가지 않는 시간이다.

"저는 아침을 든든히 먹고 출근하기 때문에 점심 안 먹어도 되거든요. 점심 안 먹고 풀로 8시간 일하고, 1시간 일찍 퇴근해도 되나요?"

No! 휴게시간은 반드시 일하는 시간 중간에 주어져야 한다. 근로기준법에서 휴게시간을 정해놓은 이유는 일하다가 쉬며 충전하고 나머지 시간에 집중해서 일하라는 의미이기 때문이다. 일하는 직원이 휴게시간이 없어도 된다고 해도, 법으로 무조건 휴게시간을 주어야 하므로 회사는 이를 지켜야 한다.[16]

그런데 아르바이트하는 직원 중 하루에 일하는 시간이 딱 4시간인 경우가 있다. 법에 따라 이 경우도 4시간의 일하는 시간 도중에 30분의 휴게시간을 주어야 한다. 하지만 대부분의 아르바이트 직원들은 4시간

---

16 휴게시간을 주지 않으면 2년 이하의 징역 또는 2천만 원 이하의 벌금에 처해진다.

을 딱 일하고 바로 퇴근하고 싶지 30분 휴게시간을 갖고 싶어 하지 않는다. 그래도 법은 법이니까 반드시 지켜야 할까?

법을 지켜 4시간 일하는 도중에 반드시 30분의 쉬는 시간을 가져야 하지만, <u>회사와 직원이 4시간만 일하고 휴게시간 없이 바로 퇴근하자고 미리 동의한 경우에는 휴게시간을 갖지 않아도 된다</u>(꼭 미리, 서로 동의를 얻어야 한다).

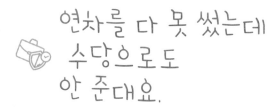

연차를 다 못 썼는데
수당으로도
안 준대요.

Q. 제가 올해 연차가 15개 있었는데, 회사 일이 바빠서 다 못 썼습니다. 연차를 사용하지 못하면 돈으로 받을 수 있다고 알고 있어 회사에 말했더니, 회사가 돈으로 못 주겠다고 합니다. 너무 나쁜 것 아닌가요?

회사의 직원 수가 5명이 넘으면 근로기준법에 있는 연차유급휴가(이하 '연차'라 한다)가 적용된다.

입사한 지 1년이 되지 않은 직원은 매달 성실히 출근하면 다음 달에 1일의 연차가 생기고(1년 기준 11일), 입사한 지 1년이 지난 직원은 1년간 출근율이 80%가 넘으면 15일의 연차가 생긴다.

근로기준법 제60조(연차 유급휴가)

① 사용자는 1년간 80퍼센트 이상 출근한 근로자에게 15일의 유급휴가를 주어야 한다.

② 사용자는 계속하여 근로한 기간이 1년 미만인 근로자 또는 1년간 80퍼센트 미만 출근한 근로자에게 1개월 개근 시 1일의 유급휴가를 주어야 한다.

③ 삭제

④ 사용자는 3년 이상 계속하여 근로한 근로자에게는 제1항에 따른 휴가에 최초 1년을 초과하는 계속 근로 연수 매 2년에 대하여 1일을 가산한 유급휴가를 주어야 한다. 이 경우 가산휴가를 포함한 총 휴가 일수는 25일을 한도로 한다.

⑤ 사용자는 제1항부터 제4항까지의 규정에 따른 휴가를 근로자가 청구한 시기에 주어야 하고, 그 기간에 대하여는 취업규칙 등에서 정하는 통상임금 또는 평균임금을 지급하여야 한다. 다만, 근로자가 청구한 시기에 휴가를 주는 것이 사업 운영에 막대한 지장이 있는 경우에는 그 시기를 변경할 수 있다.

⑥ 제1항 및 제2항을 적용하는 경우 다음 각 호의 어느 하나에 해당하는 기간은 출근한 것으로 본다.

1. 근로자가 업무상의 부상 또는 질병으로 휴업한 기간

2. 임신 중의 여성이 제74조 제1항부터 제3항까지의 규정에 따른 휴가로 휴업한 기간

3. 「남녀고용평등과 일·가정 양립 지원에 관한 법률」 제19조 제1항에 따른 육아휴직으로 휴업한 기간

⑦ 제1항·제2항 및 제4항에 따른 휴가는 1년간(계속하여 근로한 기간이 1년 미만인 근로자의 제2항에 따른 유급휴가는 최초 1년의 근로가 끝날 때까지의 기간을 말한다) 행사하지 아니하면 소멸된다. 다만, 사용자의 귀책사유로 사용하지 못한 경우에는 그러하지 아니하다.

이렇게 생긴 연차는 직원이 원하는 시기에 사용할 수 있다. 직원이 일하지 않으면 회사가 돌아가지 않거나 회사의 프로젝트가 망하는 경우가 아닌 이상 회사는 직원이 원하는 날짜에 휴가를 쓰게 해야 한다.

연차는 연차가 생긴 날로부터 1년 이내에 사용해야 하고, 어떠한 이유든 연차를 다 사용하지 못하면 사용하지 못한 연차 일수만큼 돈을 받

을 수 있다. 다만, 회사가 법의 절차(근로기준법 제61조)에 따라 연차촉진 제도를 사용했다면 직원은 사용하지 못한 연차에 대한 수당을 받을 수 없다. 그러니 회사에서 연차촉진제도를 사용했는지를 알아보자!

회사도 연차촉진제도가 있다는 것을 알고 있어 매달 직원들에게 연차를 남기지 말고 얼른 사용하라고 이야기를 한다. 회사 게시판에 연차가 얼마 남았다고 공지하고, 남은 연차를 빨리 쓰라고 하기도 한다. 그렇게 하면 연차촉진한 것으로 생각하고 나중에 남은 연차에 대한 수당을 주지 않으려 한다. 그런데 이런 방법은 법에 나와 있는 연차촉진의 절차와는 거리가 멀다. 근로기준법에 연차촉진제도가 명시되어 있어 법의 절차를 제대로 지켜야만 한다. 회사가 법의 절차대로 연차촉진을 하지 않는다면, 회사가 직원들에게 백 번씩 연차를 쓰라고 말하고 매일 회사 게시판에 남은 연차를 공지해놓았어도 연차촉진을 하지 않은 것과 같게 된다. 회사가 이런 방법으로 연차촉진을 해놓고서 남은 연차를 돈으로 주지 않는다고 하면 노동청에 임금체불 진정을 하자!

∴ 정규직 직원, 계약직 직원 등 1일 8시간 일하는 직원에게만 연차가 생기는 것은 아니다. 직원 수가 5명이 넘는 곳에서 일하고 있고, 1주에 일하는 시간이 15시간 이상인 아르바이트생에게도 연차가 주어진다.

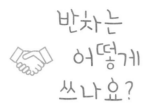

반차는
어떻게
쓰나요?

Q. 집에 급한 일이 생겨서 오후에 일을 못 하게 되었습니다. 반차를 써야

할 것 같은데, 어떻게 해야 하나요?

"너 오늘 병원 간다며?"

"응, 그래서 회사에 반차 냈어."

주변에서 반차를 내는 직원을 많이 볼 수 있다. 사실 반차제도는 법

에 없는 내용이다. 회사생활을 하면서 만들어진 휴가제도라고 볼 수 있

다. 그렇기 때문에 반차가 있는 회사도 있고, 없는 회사도 있다. 심지어

는 요즘 반반차를 쓰는 곳도 있더라.

반차의 개념을 알려면 연차에 대해 알아야 한다. 연차는 우리가 1년

간 80% 이상 출근율을 달성하면 주어지는 휴가이다. 1일 연차는 8시간을 기본으로 한다. 반차는 연차를 반으로 딱 잘라서 4시간을 사용하는 휴가라 생각하면 된다. 반반차는 반차의 절반인 2시간을 쓰는 것이다.

아침 9시에 출근해 오후 6에 퇴근하는 직원의 경우를 예로 들면 오전 반차는 9시~14시(점심시간 12~13시 포함), 오후 반차는 14시~18시를 사용하는 것으로 한다. 1일 8시간 근로를 하니 일하는 시간을 각각 4시간으로 나눈 것이라고 보면 된다.

생리휴가는 아르바이트도 쓸 수 있나요?

Q. 아르바이트하며 학비를 벌고 있습니다. 매니저님이 생리휴가를 쓴다고 해서 갑자기 궁금해졌는데요, 아르바이트인 저도 생리휴가를 쓸 수 있나요?

생리휴가는 여성 직원의 생리기간에 일하면서 받는 정신적·육체적 피로를 방지하기 위한 것이며, 무급인 제도이다.

> 근로기준법 제73조(생리휴가)
> 사용자는 여성 근로자가 청구하면 월 1일의 생리휴가를 주어야 한다.

생리휴가는 아르바이트, 계약직, 정규직을 가리지 않고 회사의 직원이 5명 이상이라면 쓸 수 있다. 지난달에 개근을 했는지, 이번 달에 입사했는지 여부도 상관없다. 직원이 회사에 생리휴가를 청구하면 회사는 이를 묻지도 따지지도 않고 반드시 줘야 한다.[17]

여성의 생리 주기에 맞춰서 사용하는 것이기 때문에 한 달에 한 번 사용할 수 있고, 그 달에 사용하지 않으면 없어진다. 그리고 직원이 생리휴가를 신청했을 때 회사는 이 날짜를 바꿀 수 없다. 간혹 회사에서 생리 여부를 증명하라고 하는 경우가 있다. 이건 직원에 대한 사생활 등 인권에 대한 과도한 침해이며, 성희롱이 될 수도 있다. 생리가 정말 있는지에 대한 입증은 회사가 해야 한다. 임신같이 생리하지 않는 명확한 사유가 아니라면 직원이 생리휴가를 달라고 했을 때 회사는 이것을 거부할 수 없다.

생리휴가를 휴일이나, 금요일 혹은 월요일에 몰아 써서 실제 생리휴가를 꼭 써야 하는 여성들이 이를 눈치 보며 쓰지 못하는 경우가 생기는 것을 왕왕 볼 수 있다. 여성의 신체적인 특성을 고려하여 만들어진 법 제도를 마구잡이로 이용하여 다른 여성들이 생리휴가제도를 이용하는 것을 불편하게 만들지는 않았으면 한다.

---

17 직원이 청구했을 때 생리휴가를 주지 않으면 500만 원 이하의 벌금에 처해질 수 있다.

병가는 얼마나 받을 수 있나요?

Q. 집에서 액자를 걸다가 넘어져 손과 다리가 심하게 부러졌습니다. 두 달 정도 쉬어야 할 것 같은데, 법적으로 제가 받을 수 있는 병가는 며 칠인지 궁금합니다.

병가라고 하는 것은 일하다가 다치거나 병을 얻었을 때가 아닌 개 인적인 사고나 병에 의해 쉬어야 할 때 받는 휴가를 말한다. 근로기준 법에 병가에 대한 규정은 없다. 그래서 병가를 주는 것은 회사의 마음 이다. 줄 수도 있고, 안 줄 수도 있다. 유급일 수도 있고, 무급일 수도 있 다. 많은 회사는 직원이 병가를 신청했을 때 직원이 가진 연차유급휴가 를 먼저 쓰도록 한다.

"제가 손과 다리가 부러져서 회사에 병가를 신청했는데, 회사에서 제 연차를 먼저 쓰라고 하더라고요. 사람이 아프다는데 연차를 먼저 쓰라고 하다니요. 이건 좀 너무한 것 아닌가요?"

일하다가 다쳤거나 병을 얻었을 때는 회사가 이를 책임지고 쉬게 해줘야 한다. 하지만 좀 냉정하게 말해, 일하다가 다친 것이 아닌 경우 이것은 사생활이니 직원의 연차를 먼저 쓰는 것이 맞다. 연차는 직원이 쓰고 싶을 때, 개인적인 일이 있을 때 쓰라고 있는 것이기 때문이다(야박하지만 사고나 병도 개인적인 사정으로 본다).

"그래도 사람이 다쳤는데 어떻게 연차로 처리하라고 합니까? 저는 회사의 결정을 인정할 수 없습니다!"

회사가 연차를 먼저 쓰라고 한 것에 불만을 품고 아프다면서 출근하지 않는다면, 이것은 무단결근에 해당하여 회사로부터 징계를 받을 수도 있다. 다쳐서 아픈 것도 서러운데 회사로부터 징계까지 받는다면 마음이 더 아프지 않을까? 회사에 병가 규정이 있다면 그대로 따르는 것이 맞다. 연차를 먼저 쓰도록 되어 있다면 내가 가진 남은 연차를 먼저 쓰도록 하자.

그리고 연차를 모두 쓰고 나면 2~3개월 무급으로 병가를 주는 회사들이 많다. 이것은 모든 회사가 그런 것은 아니고, 이런 규칙을 가진 회사들의 비율이 높다는 뜻이다. 아마도 2~3개월이면 아픈 몸을 추스르고 회사에 다시 복직할 수 있는 시기라고 생각하는 것 같다. 그럼 퇴사할 때 내가 병가를 썼던 기간은 어떻게 하면 될까? 회사로부터 돈을 받지 않았고, 쉬었던 기간이니, 그 기간을 빼고 퇴직금을 계산해야 할까?

아니다. 병가가 무급이더라도 회사가 병가를 허락했기 때문에 이 기간은 퇴직금을 계산할 때 포함해야 한다. 병가를 쓴 적이 있었던 직원은 퇴사할 때 이 병가 기간이 퇴직금 계산에 들어갔는지 꼭 확인하자.

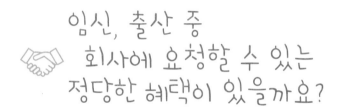

임신, 출산 중
회사에 요청할 수 있는
정당한 혜택이 있을까요?

Q. 결혼한 지 5년 만에 극적으로 임신에 성공했습니다. 어렵게 생긴 아이라 아내가 회사를 그만두고 집에서 편히 쉬었으면 좋겠는데 일을 계속하고 싶어 합니다. 정말 소중한 아이라 아내가 임신·출산 중에 회사 다니면서 조금이라도 편했으면 좋겠습니다. 그 기간에 회사에 요청할 수 있는 법으로 정해진 혜택이 있을까요?

임신·출산 시 노동관계법령에 어떠한 보호제도가 있는지 알고 싶어 하는 직원들이 많이 있다. 이번 챕터에서 한 번에 보기 쉽게 정리를 해 보도록 하겠다.

① 임신했을 때

① 시간외근로, 야간근로, 휴일근로 금지

임신 중인 직원에게 시간외근로, 야간근로, 휴일근로를 시킬 수 없다.[18]

다만, 야간·휴일근로는 임신 중인 직원이 청구하고, 회사의 근로자대표

와 사전협의가 있고, 고용노동부 장관의 인가가 있다면 가능하다.

② 태아 검진 시간

유급으로 임산부 정기건강진단 시간이 보장된다(∵ 모자보건법 시행규칙

별표1).

09 임신시기에 따른 태아 검진 시간

임신시기	정기건강진단 시간
28주까지	임신주수 4주마다 1회
29~36주	임신주수 2주마다 1회
37주 이후	임신주수 1주마다 1회

③ 임신 12주 이내 또는 36주 이후 근로시간 2시간 단축 가능

임신 12주 이내이거나 36주 이후인 직원은 임금삭감 없이 1일 2시간의

근로시간단축을 회사에 신청할 수 있다. 예를 들어 하루 8시간 일하던

---

18 임신 중 직원에게 시간외·야간·휴일근로를 시킨 경우 사장님은 2년 이하의 징역 또는 2천
만 원 이하의 벌금에 처해진다.

직원은 임신 12주 이내 혹은 36주 이후에 1일 6시간 일할 수 있다. 대체적으로 출근시간을 1시간 늦추고 퇴근시간을 1시간 당기는 방식을 많이 사용하지만, 출근시간을 2시간 늦추거나 퇴근시간을 2시간 당기는 방식을 사용하기도 한다.

④ 임신 중 쉬운 근로 전환

임신 중에는 해당 직원이 어려움 없이 감당할 수 있는 업무로 전환해줄 것을 회사에 요청할 수 있다. 회사는 이를 거부할 수 없다.[19]

⑤ 예외 2 : 임신 중 육아휴직 사용(2021. 11. 19. 시행)

임신 중 해당 직원이 육아휴직을 사용할 수 있다. 육아휴직은 총 두 번 나누어 사용할 수 있는데, 임신 중에 쓴 육아휴직은 분할사용 횟수에 포함되지 않는다.

그림 1 임신기간 중 육아휴직 사용 방법

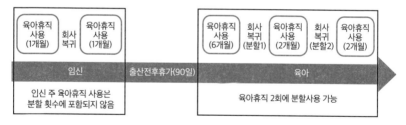

---

19 거부 시 사장님은 2년 이하의 징역 또는 2천만 원 이하의 벌금에 처해진다.

② 출산했을 때

① 출산 시

근로기준법상 출산 전후 90일(출산 후 45일 이상)의 휴가가 보장되며 다태아[20]의 경우 120일(출산 후 60일)을 사용할 수 있다.[21]

② 예외 : 임신 초기 출산휴가 사용

예외적으로 출산전후휴가 90일(다태아 120일) 중 44일(다태아 59일)을 임신 초기에 미리 사용할 수 있다. 이는 연속 또는 분할하여 사용할 수 있고 횟수를 제한하지 않는다.

예외적인 경우
 ⅰ) 유산·사산의 경험이 있는 경우
 ⅱ) 출산전후휴가를 청구할 당시 연령이 만 40세 이상인 경우
 ⅲ) 유산·사산 위험이 있다는 의료기관의 진단서를 제출한 경우

---

③ 출산전후휴가 급여

급여기준 : 월 통상임금(최저임금보다 낮을 경우 최저임금)

---

20 쌍둥이를 다태아라고 한다. 아이가 1명이면 90일, 2명이면 120일, 그렇다면 3명인 경우 210일이라 생각할 수 있으나 쌍둥이 이상은 모두 120일이다.
21 거부 시 사장님은 2년 이하의 징역 또는 2천만 원 이하의 벌금에 처해진다.

출산전후휴가 급여			
	대기업	중소기업[22]	
최초 60일 (다태아 75일)	회사가 지급	·고용보험에서 지급[23] ·월 통상임금이 200만 원 이상인 경우 차액분은 회사가 지급(2021년 기준) ·휴가가 끝난 날 이전의 고용보험 가입기간이 180일 미만인 경우 월 통상임금 100% 전액을 회사가 지급	
30일 (다태아 45일)	고용보험에서 지급 (2021년 기준 상한액: 200만 원, 하한액: 최저임금)		

④ 출산전후휴가 후 복직

회사는 직원이 출산전후휴가를 끝낸 후 돌아오면 휴가 전과 동일한 업무 또는 동등한 수준의 임금을 지급하는 직무로 복귀시켜야 한다.[24]

⑤ 배우자 출산휴가

배우자가 출산 예정이거나 출산한 날로부터 90일이 지나지 않은 경우 10일(출근해야 하는 의무가 있는 날을 계산한 10일, 휴일은 포함되지 않음)의

---

22 고용보험법 시행령 제12조의 우선지원대상기업을 말한다. ·제조업 500인 이하 사업장 ·광업, 건설업 운수업, 출판·영상·방송통신 및 정보 서비스업, 사업시설관리 및 사업지원 서비스업, 전문·과학 및 기술 서비스업, 보건업 및 사회복지 서비스업 300인 이하 사업장 ·도매 및 소매업, 숙박 및 음식점업, 금융 및 보험업, 예술·스포츠 및 여가 관련 서비스업 200인 이하 사업장 ·기타 100인 이하 사업장
∴ 중소기업기본법, 독점규제 및 공정거래에 관한 법률에 따른 상호출자제한기업집단 중 일정요건에 해당하는 기업
23 출산전후 휴가기간 90일 중 최초 60일(다태아 75일)은 유급휴가이므로 종전과 같이 사용자가 급여를 지급할 의무가 있고, 다만 고용보험에서 출산전후휴가 급여를 받은 경우 그 금액의 한도 내에서 지급의무가 면제됨.
24 출산전후휴가 전과 동일한 업무 또는 동등한 수준의 임금을 지급하지 않은 회사는 500만 원 이하의 벌금에 처해진다.

배우자 출산휴가를 사용할 수 있다. 배우자가 출산한 날로부터 90일의 범위 내에서 한 번 나누어 사용할 수 있다.

배우자 출산휴가 기간에도 급여가 나온다.

11 배우자 출산휴가 급여

배우자 출산휴가 급여		
	대기업	중소기업
최초 5일	회사가 통상임금 100% 지급	·고용센터에서 통상임금 100% 지급 (2021년 기준 상한액: 382,770원, 하한액: 최저임금) ·5일분의 통상임금이 382,770원 이상이면 차액분은 회사가 지급
나머지 5일	회사에서 통상임금 100% 지급	

③ 육아휴직

① 육아휴직

아이가 만 8세 이하 또는 초등학교 2학년 이하이며, 회사 다닌 지 6개월 이상이면 자녀 1명당 최대 1년의 육아휴직을 사용할 수 있다. 한 자녀에 대하여 부모가 각각 1년씩의 육아휴직을 사용할 수 있으며, 두 번에 나누어 사용할 수 있다.

육아휴직 1회 사용기간이 30일 이상이고, 육아휴직 시작 전 고용보험 가입일이 180일이 넘으면 고용보험에서 육아휴직 급여를 받을 수 있다(2021년 기준).

12 육아휴직 급여

육아휴직 급여	
첫 3개월	월 통상임금의 80% (상한액: 150만 원, 하한액: 70만 원)
나머지 기간 (최대 9개월)	월 통상임금의 50% (상한액: 120만 원, 하한액: 70만 원)

∴ 육아휴직 급여 75%는 휴직 중에 지급하고 나머지 25%는 휴직 종료 후 회사에 6개월 이상 근무하면 지급한다(이를 '사후지급금'이라 한다).

② 육아기 근로시간단축

아이가 만 8세 이하 또는 초등학교 2학년 이하이며, 회사 다닌 지 6개월 이상이면 자녀 1명당 최대 2년(자녀 1명당 1년 + 육아휴직 잔여기간)의 육아기 근로시간단축 제도를 사용할 수 있다. 근로시간은 1주일에 최소 15~35시간 근로를 할 수 있다. 육아기 근로시간단축 기간에도 육아기 근로시간단축 시작 전 고용보험 가입일이 180일이 넘으면 고용보험에서 급여를 지원한다(2021년 기준).

13 육아기 근로시간단축 급여

육아기 근로시간단축 급여		
최초 주 5시간 단축분	육아기 근로시간단축 개시일 기준 단축 전 통상임금의 100% (상한액: 200만 원, 하한액: 50만 원)	$\times$ $\dfrac{5}{\text{단축 전 소정근로시간}}$
나머지 근로시간 단축분	육아기 근로시간단축 개시일 기준 단축 전 통상임금의 80% (상한액: 150만 원, 하한액: 50만 원)	$\times$ $\dfrac{\text{단축 전 소정근로시간} - \text{단축 후 소정근로시간} - 5}{\text{단축 전 소정근로시간}}$

예시) 통상임금 250만 원 / 1주 근로시간 40시간

육아기 근로시간단축으로 1주 근로시간을 20시간으로 줄이는 경우 육아기 근로시간단축 급여는 얼마가 되나요?

i) 최초 주 5시간 단축분

$$250만\ 원 \times \frac{5}{40시간(단축\ 전\ 근로시간)} = 312,500$$

ii) 나머지 근로시간 단축분

$$150만\ 원 \times \frac{40-20-5}{40시간(단축\ 전\ 근로시간)} = 562,500$$

* 월 통상임금의 80%가 150만 원을 초과했으므로 상한액을 기준으로 계산

iii) 총 합계

312,500 + 562,500 = 875,000원

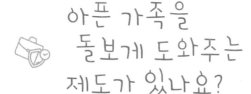

아픈 가족을 돌보게 도와주는 제도가 있나요?

Q. 부모님이 편찮으셔서 간병인을 썼는데 잠시 사정이 생겨 며칠간 제가 부모님을 돌보아야 하는 일이 생겼습니다. 연차유급휴가는 이미 다 사용한 상태라 어떻게 해야 할지 모르겠습니다. 이럴 때 쓸 수 있는 휴가 제도가 있을까요?

맞벌이 부부는 자녀나 부모님이 아플 때 부부 중 한 명은 간병을 위해 휴가를 내곤 한다. 핵가족 시대에 이러한 문제를 해결하기 위해 나라에서는 '가족돌봄제도'를 만들었다. 가족돌봄제도는 가족돌봄휴직과 가족돌봄휴가 제도, 가족돌봄 근로시간단축 제도로 나누어진다.

1 가족돌봄휴직

가족(부모, 배우자, 자녀, 또는 배우자의 부모)이 질병, 사고, 노령으로 인해 돌봄이 필요한 경우 사용할 수 있는 휴직제도이다. 회사에서 일한 기간이 1년 이상이 된 직원이 1년에 90일간, 1회 사용 시 30일 이상을 사용해야 한다. 직원은 가족돌봄휴직을 하는 동안에는 노동법의 기본원칙인 무노동 무임금의 원칙에 따라 회사로부터 임금을 받지 않는다.

2 가족돌봄휴가

직원이 조부모, 부모, 배우자, 배우자의 부모, 자녀, 또는 손자녀의 질병, 사고, 노령 또는 자녀의 양육으로 인하여 긴급하게 그 가족을 돌보기 위한 휴가를 신청할 수 있으며, 이를 가족돌봄휴가라 한다. 가족돌봄휴가 기간은 연간 최장 10일로 하며, 일 단위로 나누어 사용할 수 있다. 기억해야 할 점은 가족돌봄휴가 기간은 가족돌봄휴직 기간에 포함된다는 것이다.

3 가족돌봄 근로시간단축

① 가족의 질병, 사고, 노령으로 인하여 그 가족을 돌봐야 하는 직원

② 자신의 질병이나 사고로 인하여 부상 등의 사유로 자신의 건강을 돌봐야 하는 직원

③ 55세 이상으로 은퇴를 준비하기 위한 직원

④ 본인의 학업을 위해 근로시간단축을 요청하는 직원은 일하는 시간을 1주에 15~30시간 이내로 줄일 수 있다. 최대 3년(1년+연장 2년)을 사용할 수 있지만 본인의 학업을 위해 근로시간을 단축하는 경우에는 연장할 수 없다는 점을 기억하자.

∴ 가족돌봄 근로시간단축 시행

▷ 300인 이상 사업장: 2020. 1. 1. 이후 시행

▷ 30인~300인 미만 사업장: 2021. 1. 1. 이후 시행

▷ 30인 미만 사업장: 2022. 1. 1. 이후 시행

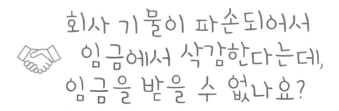

회사 기물이 파손되어서 임금에서 삭감한다는데, 임금을 받을 수 없나요?

Q. 이벤트 사업장에서 근무하고 있습니다. 이벤트 행사가 종료된 후 물품을 운반할 때 행사장의 문턱에 걸려 회사 기물이 파손되었습니다. 회사에서는 파손된 기물의 수리비를 월급에서 삭감하고 지급한다고 합니다. 고의로 파손한 것도 아닌데, 임금을 제대로 받을 수 없나요?

임금이란 직원이 열심히 일해서 회사로부터 받는 일의 대가이다. 회사가 직원에게 임금을 대충 주지 못하도록 근로기준법에서는 임금의 지급방식을 명시하고 있다. 회사에서 직원에게 임금을 줄 때는 반드시 직원에게 임금을 정해진 시기에 전액을 일한 직원 당사자에게 직접 지급해야 한다. 다만, 법에 정해진 기준에 따라 세금 등은 임금에서 빼고 직원에게 지급해도 된다.[25] 다만, 질문의 경우, 직원은 수리비를 임금에서 뺀다는 회사의 결정에 무조건 따라야 할까?

"제가 잘못한 것이니까 아무래도 책임지는 것이 맞겠죠. 그리고 혹시나 해서 찾아봤는데 근로계약서에 '제 과실로 회사에 손해를 끼쳤을 때는 전액 손해배상을 진다.'는 문구가 있더라고요. 회사 결정에 따르는 게 맞겠죠?"

회사는 근로계약서상 손해배상의 문구가 있으니 수리비를 임금에서 뺀다는 말에 확신을 가지고 있을 것이다. 하지만 이 문구가 있다 해도 회사는 직원의 월급에서 수리비를 뺄 수 없다. 법 위반[26]이다. 그렇다고 직원이 회사로부터 손해배상 책임에서 자유롭다는 의미는 아니다. 회사는 직원에게 민사상 손해배상 청구를 할 수 있다. 회사에서 직원의 실수로 손해가 생긴 부분에 대한 금액을 계산하여 그 금액을 직원에게 청구해야 한다. 회사에서 임의로 직원의 임금에 손을 대서는 안 된다.

"그럼 어차피 제가 회사에 손해를 배상해야 하는 금액은 같은 것 아닌가요? 그럼 그냥 임금에서 빼면 더 간단할 것 같은데요?"

맞다. 조삼모사와 같다. 어차피 직원은 본인 실수로 손해가 발생한

---

25 근로기준법 제43조(임금 지급) ① 임금은 통화(通貨)로 직접 근로자에게 그 전액을 지급하여야 한다. 다만, 법령 또는 단체협약에 특별한 규정이 있는 경우에는 임금의 일부를 공제하거나 통화 이외의 것으로 지급할 수 있다.
②임금은 매월 1회 이상 일정한 날짜를 정하여 지급하여야 한다. 다만, 임시로 지급하는 임금, 수당, 그 밖에 이에 준하는 것 또는 대통령령으로 정하는 임금에 대하여는 그러하지 아니하다.
26 위반 시 3년 이하의 징역 또는 3천만 원 이하의 벌금

부분에 대해서 회사에 돈을 지급해야 한다면 임금에서 빼는 것이 더 간단하다고 생각할 수 있다. 그러기 위해서는 회사는 직원에게 손해배상액을 임금에서 뺀다는 각서 혹은 임금공제 동의서를 받아야 한다. 직원이 회사에 어떠한, 얼마나 큰 손해를 입혔다 하더라도 회사는 직원의 동의 없이 직원의 임금은 건드릴 수 없다는 것만 명심하자!

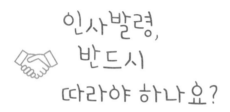

인사발령,
반드시
따라야 하나요?

Q. 서울지사에서 일하는데 갑자기 지방으로 발령을 받았습니다. 회사에서 여러 차례 지방근무를 이야기했지만, 집과 거리가 멀어 거부했는데 제 의견을 무시한 겁니다. 회사에서는 명령이니 따르라고 합니다.

  인사발령은 원칙적으로 인사권자인 회사의 권한에 속하는 것이다. 따라서 업무상 필요한 범위 내에서는 회사는 상당한 재량권을 가지며, 그것이 근로기준법 등에 위반되거나 권리남용에 해당하는 등의 특별한 사정이 없으면 무효라고 할 수 없다(대법 2015. 10. 29., 2014다46969).
  하지만 근로계약서에 업무내용과 업무장소가 자세히 쓰여 있는 경우(예: 업무내용-마케팅, 업무장소-서울지사)의 인사발령은 직원의 동의가 있어야 한다. 업무내용과 업무장소가 자세함에도 불구하고 동의 없이 인사발령을 낸 것은 근로계약을 위반한다고 볼 수 있기 때문이다.

이때 회사는 직원의 동의보다 회사의 업무상 필요성이 더 컸다는 것을 인사발령의 이유로 내놓을 것이다. 업무상 필요성이 있다 하더라도 직원이 겪을 불이익이 감수할 수 있을 정도를 벗어나는 경우에는 부당하다고 주장할 수 있다. 즉, 업무상의 필요성과 직원의 생활상의 불이익을 비교하고, 직원과 협의 등의 과정에서 요구되는 절차를 거쳤는지를 전체적으로 고려한다(대법 2009. 4. 23., 2007두20157). 이런 이유로 회사의 인사발령이 부당한지 여부를 따진다.

예를 들어 회사의 인사발령으로 인해 원래 살던 곳보다 먼 곳으로의 출퇴근으로 거리가 두 배 이상 걸리는 경우, 회사는 이를 위해 별도의 통근차량이나 교통비를 지급하는 등 생활상의 불리함을 해소하기 위한 노력을 하지 않았다면 인사발령은 부당한 것이 될 수 있다.

"입사할 때 작성한 근로계약서에 업무내용, 업무장소가 쓰여 있는데 다른 곳으로 발령 났어요. 저는 회사의 이번 인사발령이 부당하다고 생각합니다. 그래서 발령된 곳으로 가지 않겠습니다."

하지만 회사의 인사발령이 부당하다고 하여도 우선 발령된 곳으로

가기는 해야 한다. 그러지 않으면 회사의 명령을 거부한 것을 이유로 징계를 받을 수 있다. 인사발령이 부당하다고 생각될 때는 지방 노동위원회에 부당전보·전직 구제신청으로 인사발령의 부당함을 심판받자.

월 중간에 입사(또는 퇴사)한 경우 임금 계산은 어떻게 하나요?

Q. 드디어 취업에 성공했습니다. 첫 출근일이 1일이 아니라 25일입니다. 월 중간에 들어가는 것이라 월급이 어떻게 계산되는지 궁금합니다.

면접 후 회사로부터 합격 연락을 받을 때, 회사는 입사일을 통보해 주거나 언제 입사할 수 있는지 가능한 날을 물어본다. 그래서 첫 출근일이 항상 매월 1일이 될 수는 없다. 대개 회사는 매월 1일에서 말일까지 일한 대가를 다음 달 5일, 10일, 21일 등 회사가 정한 월급날에 지급한다. 그런데 월 중간에 입사하는 경우, 혹은 월 중간에 퇴사하는 경우 월급을 어떻게 계산해야 할까? 회사가 설마 월급을 덜 주겠느냐마는 그래도 직원 스스로 월급을 계산할 수 있어야 마음이 놓일 것이다.

시급으로 받기로 한 직원은 월 중간에 입사해도 계산이 어렵지 않다. 일한 시간만큼만 계산하면 되니까. 그런데 월급을 받기로 한 경우는 어떻게 계산할까? 월급으로 지급하는 경우 하루 단위로 월급을 나누는 계산방법은 법에 없다. 고용노동부에서는 월급을 받는 직원의 경우 월의 일수와 관계없이 매월 고정적으로 월급을 받기 때문에, 월 중간 입사 또는 퇴사했을 경우 월급을 계산할 때는 해당 월의 총일수로 나누어 계산하도록 한다. 그리하여 회사에서는 고용노동부에서 제시하는 바와 같이 ① 월급을 계산하려는 달의 월 일수로 나누거나, 아니면 ② 무조건 월을 30일을 기준으로 나누어 계산하는 방식 중에 하나를 선택한다.

2021년 4월 19일에 입사(1일~말일까지 일한 것을 다음 달 25일에 받음)했다고 가정하고, 고용노동부의 방식에 따라서 한번 계산해보자.

▷ 일할 계산액 : 월급액 / 해당 월 일수

　= 2,500,000원 ÷ 30일 = 약 83,333원

▷ 4월 총 근무일 : 총 12일(19일 ~ 30일)[27]

▷ 12일간의 월급 : 83,333원 × 12일 = 999,996원

27　Q. 왜 일한 날짜만 세는 것이 아니라 토요일, 일요일도 다 세나요?
　　A. 일할계산 시 근무일수에는 유급, 무급 일수를 모두 포함하기 때문입니다.

2021년 4월 19일에 입사, 즉 월 중간에 입사한 직원은 999,996원의 월급을 받아야 한다. 다만 이것은 세금을 빼기 전이라는 점! 세금을 빼면 이보다 실제 받는 금액이 더 줄어든다.

재택근무, 어떻게 해야 하나요?

Q. 회사에서 재택근무 명령을 내렸습니다. 처음에는 아침마다 출근하는 수고가 덜어지니 좋다고 생각했는데 집에서 일을 하다 보니 전기세도 더 많이 나오고, 프린트 잉크의 사용량도 크게 늘었습니다. 그리고 집에서 혼자 일하다 보니 능률도 떨어지는 것 같고 해서 집 앞 카페에 가서 일하고 싶기도 합니다. 재택근무할 때 드는 비용과 활동에 제약이 있는지 궁금합니다.

재택근무, 회사의 명령에 무조건 따를 것이 아니다. 회사 내의 취업규칙이나 근로계약서에 재택근무에 대한 규정이 있다면 해당 규정에 따라 재택근무를 할 수 있다. 하지만 그러한 규정이 없으면 회사는 재택근무를 할 때 직원의 동의가 있어야만 한다.

재택근무할 때 근로시간, 연장근로, 휴게시간, 휴일은 어떻게 하면 될까? 이는 회사로 출근할 때와 마찬가지로 똑같이 적용된다. 다만 재택근무의 특성상 근로시간과 사생활을 엄격히 구분하기 어렵기 때문에 일에 지장을 주지 않는 일상적인 활동(자택 방문자 확인, 우편물 받기, 우는 아이 달래기 등)은 할 수 있다.

질문처럼 재택근무 시 집의 전기 등을 사용하게 되어 내가 쓰지 않아도 되는 비용이 발생한다. 재택근무로 인한 전기세, 통신비, 소모성 비품(프린터 잉크) 등의 비용은 회사가 부담해야 한다. 다만, 이를 가지고 나중에 분쟁이 발생할 수도 있기 때문에 회사 부담의 한도, 비용청구 방법과 절차 등은 미리 회사와 상의해놓자.

재택근무를 할 때에도 산업안전보건법, 산업재해보상보험법이 적용된다. 다만, 회사에서 현실적으로 지배·관리하기 어려운 멀리 떨어진 장소에서 일을 하기 때문에 일부 규정만 적용된다. 또한 일하는 시간과 일상생활이 겹쳐지면서 업무상 재해로 인정되는 근무장소는 회사에서 인정하는 일하는 장소로 제한되며, 그 외의 곳에서 일어난 사고는 업무상 재해로 인정되기 어렵다. 예를 들어 자녀를 데리러 학교에 가거나 저녁거리를 사기 위해 마트에 가다가 일어난 사고는 업무상 재해로 인정받기 어렵다.

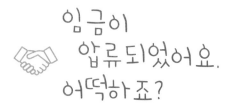

임금이
압류되었어요.
어떡하죠?

Q. 제가 민사사건에 휘말렸고, 상대방 쪽에서 제 임금을 압류할 것이라고
했습니다. 임금을 압류하면 당장 생활이 어려운데, 정말 임금도 압류
가 가능한가요? 가능하면 얼마나 압류할 수 있는 건가요?

　법원의 판결문이 있다면 임금도 압류할 수 있다. 다만, 생계유지의
차원에서 임금의 압류할 수 있는 금액 한도가 법으로 정해져 있다.[28]
　임금을 압류할 때 임금의 1/2에 해당하는 금액이 월 185만 원이 되
지 못하면, 185만 원을 압류금지금액으로 한다(즉, 월 임금이 185만 원이

28　급료·연금·봉급·상여금·퇴직연금, 그 밖에 이와 비슷한 성질을 가진 급여채권의 2분의 1에
해당하는 금액은 압류하지 못한다(민사집행법 제246조 제1항 제4호 본문).

되지 못하면 법으로도 압류할 수 없다).

임금의 1/2에 해당하는 금액이 월 300만 원을 초과하면 [월 300만 원 + (월 급여채권액의 1/2 - 월 300만 원) × 1/2]을 압류금지금액으로 한다.[29]

그렇다면 퇴직금은 어떻게 될까? 압류할 수 있을까? 퇴직금도 1/2에 해당하는 금액은 압류할 수 없다. 하지만 퇴직연금의 경우는 근로자퇴직급여보장법[30]에 따라 양도할 수 없고, 압류할 수도 없다.

14 임금채권별 압류금지금액[31]

구분	급여채권	압류금지액
임금	월 185만 원 이하	압류할 수 없음
	월 185만 원 초과 월 370만 원	월 185만 원
	월 370만 원 초과 월 600만 원	월 급여채권액×1/2
	월 600만 원 초과	월 300만 원+월 600만 원 초과분의 75%
퇴직금	퇴직일시금	퇴직금의 1/2
	퇴직연금	압류금지

· 압류가능금액 계산 시, 임금은 4대 보험료 및 제세공과금을 제외한 세후금액을 기준으로 판단

---

29 민사집행법 제246조 제1항 제4호 단서 및 민사집행법 시행령 제4조
30 근로자퇴직급여 보장법 제7조(수급권의 보호)
① 퇴직연금제도(중소기업퇴직연금기금제도를 포함한다. 이하 이 조에서 같다)의 급여를 받을 권리는 양도 또는 압류하거나 담보로 제공할 수 없다.
31 민사집행법 제246조 제1항 제4호, 민사집행법 시행령 제3조 및 제4조

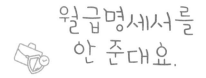

월급명세서를 안 준대요.

Q. 회사에서 야근하면 수당을 챙겨준다고 했는데, 제대로 들어오는 것 같지 않습니다. 그래서 월급명세서를 달라고 했는데, 회사에서는 월급명세서가 원래 없었다고 합니다. 회사는 월급날 직원들에게 명세서를 줘야 하는 것 아닌가요?

매월 월급날은 신난다. 생각만 해도 미소 지어진다. 하지만 통장을 스쳐지나 흔적만 남기고 가는 월급과, 이렇게 적게 남아도 되나 싶은 은행잔고를 보며 또다시 한 달을 열심히 일해야겠다는 마음을 다지는 날이기도 하다. 그런데 월급을 받다 보면 이런 생각이 든다.

'나 지금 제대로 월급 받고 있는 거야? 혹시 회사가 돈을 덜 준 거 아니야?'

이렇게 돈과 관련된 일이면 누구나 예민해질 수밖에 없다. 더군다나 나의 노동력과 맞바꾼 월급이기 때문에 이것이 제대로 들어왔는지 궁금해하는 것은 당연한 일이다.

"사장님, 저 월급명세서 주세요."

"우리는 그런 게 없는데……."

"없는 게 어딨어요. 제 친구들은 다 받고 있는걸요. 제가 월급 제대로 잘 받고 있는지 확인해야겠어요. 월급명세서 제 메일로 보내주세요. 안 그러면 저도 가만 있지 않을 거예요!"

근로기준법에서는 회사 내에서 임금대장을 만들라는 의무를 정하고 있다.

근로기준법 제48조(임금대장)
사용자는 각 사업장별로 임금대장을 작성하고 임금과 가족수당 계산의 기초가 되는 사항, 임금액, 그 밖에 대통령령으로 정하는 사항을 임금을 지급할 때마다 적어야 한다.

하지만 직원에게 월급명세서를 주어야 한다는 의무는 없다. 회사에서 직원에게 월급명세서를 주는 것은 자율이며 복지이기에 직원이 급여명세서를 요구했을 때 회사는 이를 거부할 수 있고, 어떠한 법적 제재도 받지 않는다.

"그럼 매달 제 월급이 제대로 들어오는지 아닌지 알 수 없나요? 근로기준법은 우리 같은 사람을 보호하기 위해서 만들어졌다면서 왜 제일 중요한 월급이 맞게 들어오는지 알 수 있는 방법이 없나요? 제가 근로기준법 좀 공부해봤거든요. 어디서 보니까 사용증명서? 그거 회사에서 직원한테 주도록 되어 있던데요. 그 안에 임금, 그러니까 월급에 대한 내용이 있던데, 그거 보면 월급명세서 줘야 하는 거 아니에요?"

근로기준법 제39조에 직원은 회사에 사용증명서를 요청할 수 있다고 되어 있다.

근로기준법 제39조(사용증명서)
① 사용자는 근로자가 퇴직한 후라도 사용 기간, 업무 종류, 지위와 임금, 그 밖에 필요한 사항에 관한 증명서를 청구하면 사실대로 적은 증명서를 즉시 내주어야 한다.
② 제1항의 증명서에는 근로자가 요구한 사항만을 적어야 한다.

사용증명서 안에 임금에 대한 내용이 있으니 직원의 말처럼 이를 요청하고 받으면 월급명세서 받는 것이랑 똑같은 효과가 나타날까?

고용노동부 행정해석은 근로기준법 제39조의 취지는 직원이 퇴직한 후 재취업을 할 때 도움이 되려고 하는 것으로, 사용증명서에 기재해야 하는 임금은 당해 근로자가 재직 중에 수령한 월급에 관한 사항을 의미하는 것이며 월급명세서나 임금대장이 포함되는 것은 아니라고 하였다(근로기준팀-6424. 2007.09.10).

법으로는 어떤 방법을 쓰더라도 회사가 주지 않겠다고 하는 월급명세서를 받을 수가 없었다. 그런데 이제 법이 개정되었다. 2021. 4. 29. 근로기준법 개정안이 국회 본회의를 통과하였다. 법 공포 후 6개월 경과 후 시행된다. 이제 회사는 월급을 줄 때 월급의 내역을 적은 월급명세서를 주어야 하고, 그러지 않을 경우 500만 원 이하의 과태료 처분이 내려진다.

※ 임금명세서에 쓰여 있어야 하는 내용

- 임금의 구성항목
- 임금의 계산방법
- 법령에 따라 4대 보험료, 근로소득세 등을 공제한 내역 등

회사에서 지난달 임금을 더 줬다고 이달 월급에서 공제한다네요.

Q. 저는 영업직으로 일을 하고 있습니다. 지난달에 월급이랑 인센티브를 받았는데 생각보다 액수가 엄청 많았습니다. 그런데 알고 보니 회사에서 입금을 잘못한 것이었습니다. 그래서 회사에서는 이번 달 제 월급에서 지난달에 더 준 금액만큼을 빼고 준다고 합니다. 저는 월급이 많이 나와서 이미 그 돈을 다 썼고, 더 준 월급을 빼면 이번 달에 제가 받을 돈은 30만 원 남짓이라 난감합니다. 월세나 핸드폰 요금, 신용카드 값은 어떻게 하죠?

회사는 월급을 정확히 계산해 직원에게 지급해야 한다. 하지만 월급을 계산하는 것도 직원이 하는 일. 사람이 하는 일이 언제나 100% 완

벽할 수만은 없다. 회사가 제대로 월급을 주었다면 이번 달 핸드폰 요금, 신용카드 대금을 걱정하고 있지 않을 텐데 왜 이런 것을 고민해야 할까 답답할 것이다. 차라리 적게 줬다면 그만큼 더 주면 되는데, 더 많이 줬을 때는 어떻게 해야 할까?

회사가 월급을 계산착오 등으로 직원에게 초과지급한 경우에는 더 많이 지급한 만큼 월급에서 빼는 것이 가능하며, 직원의 동의는 필요가 없다. 다만, 직원에게 월급에서 뺄 돈이 얼마인지, 어떻게 뺄 것인지 방법은 미리 알려줘야 한다.[32]

위의 에피소드처럼 더 받은 금액을 뺐을 때 30만 원밖에 남지 않는다면 다음 달 경제생활에 큰 문제가 생긴다. 이런 경우에는 초과지급된 것을 한 번에 월급에서 빼는 것이 아니라 그 횟수를 여러 차례로 나누어야 할 것이다. 그래야 직원의 신용카드 대금이 밀려 신용등급이 낮아지는 일은 없을 테니 말이다.

---

32 회사의 실수나 계산착오로 임금이 더 지급되었을 때 다음 달 받을 월급에서 뺄 금액과 방법을 미리 예고하여 직원의 경제생활에 안정을 해할 염려가 없어야 한다는 것이 대법원의 입장이다(대법원 1995. 12. 21., 선고 94다26721 전원합의체 판결).

회사 사정이 안 좋다고 월급을 깎자고 합니다.

Q. 사장님이 갑자기 회사 직원을 다 불러 모았습니다. 그러고는 회사 사정이 안 좋으니 월급의 10%를 깎을 수밖에 없다고 이해를 해달라고 했습니다. 저는 현재 월급에 맞춰 지출계획이 다 짜여 있어서 10%가 깎인 월급에는 동의할 수 없습니다. 회사에서 돈을 주는 것이니, 회사가 월급을 깎자고 하면 저는 그냥 동의해야 하나요?

경제적으로 어려움을 겪는 회사가 많아지고 있다. 회사는 이를 극복하기 위해 고정지출을 줄이려고 노력한다. 회사의 고정지출 중 가장 큰 비중은 인건비이다.

"여러분들 아시겠지만 요즘 회사 사정이 아주 좋지 않습니다. 저도 많이 노력

했지만 마음처럼 쉽지가 않네요. 회사를 살리기 위해 제가 노력하는 만큼 여러분도 동참해주시길 바라고, 그러실 것이라 믿습니다. 정말 이런 말씀드리기 죄송스럽습니다만 어렵게 결정했습니다. 다음 달부터 여러분의 월급을 10% 삭감하기로 했습니다. 갑작스러운 소식에 놀라셨겠지만 모두 회사를 위한 일이라 생각해주시기 바랍니다. 회사가 살아야 여러분도 계속 월급을 받지 않겠습니까?"

들어보니 사장님의 말이 틀린 것 같지 않다. 회사가 망하면 내 일자리가 없어진다. 회사를 살리기 위해 직원의 희생은 어쩔 수 없는 일이다. 하지만 매월 지출계획이 있는데 갑작스러운 통보로 월급을 깎는다는 것은 너무한 처사다 싶다. 이렇게 하는 것이 과연 정당한 일일까?

회사는 직원과 근로계약서를 쓴다. 근로계약서에는 회사가 직원에게 주기로 한 임금이 적혀 있다. 즉 임금(월급)에 대한 내용이 미리 약속되어 있다는 의미이다. 그러므로 회사는 직원과의 약속을 깨고 일방적으로 월급을 깎을 수 없다. 회사가 원하는 대로 월급을 지급하려면 직원의 동의가 필요하다. 그렇다면 직원의 동의는 어떻게 받아야 할까? 근로계약서를 다시 써야 한다.

직원이 깎은 월급이 적힌 근로계약서에 사인하지 않는다면, 회사는 일방적으로 월급을 낮게 지급할 수 없다. 회사가 이를 무시하고 월급을 낮춘다면 직원은 회사의 주소지를 관할하는 고용노동지청에 임금체불로 진정할 수 있다.

징계에 대해서 자세히 알고 싶습니다.

Q. 제가 일하던 와중에 큰 실수를 하여 징계를 받게 되었습니다. 징계라고 하면 어떤 것들이 있는지, 징계에 대해서 자세히 알고 싶습니다.

직원으로서 회사에서 일할 때는 지켜야 하는 규정이 있다. 이러한 규정을 위반하면 회사로부터 직원은 징계처분으로써 불이익을 받는다. 사실 회사로부터 징계 받는다는 말은 많이 들었지만, 징계에 어떤 종류가 있는지, 어떤 식의 제재가 가해지는지 모르는 경우가 많다.

<u>회사가 직원을 징계할 때에는 직원이 회사의 규정을 어겼어야 하고, 규정을 어긴 것이 회사가 징계할 만한 사유여야 한다.</u> 그저 회사의 마음에 들지 않는다고 해서 징계를 할 수는 없다. 또한, 회사의 규정 내

에 징계에 대한 절차가 있다면 그 절차를 지켜 징계해야 한다. 그러지 않으면 그 징계는 효력이 없는 것이 된다. 마지막으로 회사에서 징계할 때에는 잘못에 맞는 징계를 해야 한다. 예를 들어 한 번 지각을 했다고 하여 해고할 수는 없다는 것이다.

그럼 징계의 종류에는 어떤 것이 있는지 알아보자.

대개 회사에서는 경고, 견책, 감봉(감급), 강등, 정직, 해고로 징계 규정을 두고 있다.

▷ 경고 : 회사에서 직원에게 잘못을 지적하며 재발방지를 촉구

▷ 견책 : 경위서를 쓰게 하여 잘못을 경고(승진이나 전보에 반영됨)

▷ 감봉(감급) : 임금을 일정 기간 감액

▷ 강등 : 직원의 직책, 직급, 호봉을 하향조정

▷ 정직 : 일정 기간 회사의 출근을 정지시키고, 임금의 지급을 중단

▷ 해고 : 직원과의 근로관계를 강제로 종료

∴ 감급(감봉)의 제한

근로기준법 제95조에 따라 1일 평균임금의 1/2까지만 감봉할 수 있다. 예를 들어 월급이 300만 원인 직원에게 1개월의 감봉 징계처분이 내려지면 직원은 1일 평균임금 10만 원의 1/2인 5만 원을 차감할 수 있다.

하지만 이도 최대 6개월까지만 가능하다. 월 300만 원 기준으로 1/10 인 30만 원 한도 내에서만 감봉할 수 있기 때문이다.[33]

---

33 근로기준법 95조(제재 규정의 제한)
취업규칙에서 근로자에 대하여 감급(減給)의 제재를 정할 경우에 그 감액은 1회의 금액이 평균 임금의 1일분의 2분의 1을, 총액이 1임금지급기의 임금 총액의 10분의 1을 초과하지 못한다.

일하다가 부주의로 발을 삐끗했습니다. 보상받을 수 있나요? (산업재해 신청방법)

Q. 2층으로 된 카페에서 아르바이트하고 있습니다. 2층을 청소하고 내려오는 도중에 카톡을 확인하다가 발을 삐끗해서 2주 동안 깁스를 하고 있어야 합니다. 카페에서 보상을 받을 수 있을까요?

일할 때 다치지 않고 병들지 않는 것이 중요하다. 하지만 의도치 않게 누구나 겪을 수 있는 일이기도 하다. 대한민국에서 일하는 모든 직원은 건강하고 안전하게 일할 권리가 있고, 만약 재해가 일어난다면 치료나 요양 등 보호받을 권리가 있다.

직원은 일하다가 다치거나 병을 얻거나 장애를 얻거나 사망했을 때에 「산업재해보상보험법」에 따라 보험급여를 받을 수 있다. 산업재해보상보험(이하 '산재'라 함)은 회사가 부담해야 하는 보상책임을 국가가 대신하여 직원이 안정을 취할 수 있도록 만들어진 사회적 안전망이다. 일하다 다치거나 병을 얻어 일하지 못한 기간을 보상하는 휴업급여, 치료비를 보조하는 요양급여, 치료 이후 신체장애에 대한 장해급여, 직업재활급여 등 다양한 보상을 받을 수 있도록 산재보험이 구성되어 있다.

산재보상을 받을 때는 '무과실주의'라고 하여 직원 개인의 부주의를 따지지 않는다. 일하는 과정에서 다치거나 병을 얻었다면 실수와는 관계없이 무조건 산재 인정을 받고 보상받을 수 있다. 4일 이상 요양[34]이 필요한 경우 산재보험 신청이 가능하다. 요양 기간이 4일 미만이면 회사에 치료비를 요구할 수 있다.

질문의 상황은 카페가 아니라 근로복지공단에 산재보상을 신청하여 보험의 혜택을 받도록 하자. 사장님이 산재보험을 들지 않았어도 괜찮다. 일하다가 다쳤다면 산재보험 가입 여부에 상관없이 산재 신청이 가능하다.

① 산업재해보상이란?

일하다가 4일 이상의 요양이 필요한 직원의 부상, 질병, 장해 또는 사망

---

34 4일 이상 요양이 필요하다는 말의 의미는 네 번 이상 병원에 가야 한다는 것이 아니라 병을 치료하기 위해 4일 이상 경과를 봐야 한다는 것이다.

을 산업재해라 하며 사고, 질병, 출퇴근 재해로 나누어진다.

① 업무상 사고

회사의 지휘·감독하에 일하다가 우연히, 급격히, 외부의 영향(충돌, 추락, 감전 등)으로 발생한 사고를 말한다.

▷ 근로계약에 따른 업무를 하다가 생긴 사고

▷ 회사가 제공한 시설물을 이용하다가 시설물의 고장이나 관리소홀로 일어난 사고

▷ 회사가 주관하거나 회사의 지시로 참여한 행사나 행사준비 중에 일어난 사고

▷ 휴게시간 중 회사의 지배·관리하에 있었다고 볼 수 있는 행위로 일어난 사고

▷ 그 밖의 업무와 관련하여 일어난 사고

② 업무상 질병

업무상 과로 등으로 뇌심혈관계 질환(뇌출혈, 심근경색 등), 신체에 부담을 주는 업무를 하다 근골격계 질환(목, 어깨, 허리, 팔다리의 신경·근육 및 그 주변 신체 조직에 나타나는 질환), 화학물질 등 근로자의 건강에 장해를 일으킬 수 있는 요인(불산, 황산, 인산 등)을 취급하거나 그에 노출되어 발생한 질환 등 업무와 관련하여 발생한 질병을 말한다.

③ 출퇴근 재해

집에서 출발하여 회사로 출근, 또는 일 끝내고 퇴근하던 도중 일어난 사고로 도보, 대중교통, 자가용 등 교통수단에 상관없이 통상적인 경로와 방법으로 출·퇴

근하던 중에 일어난 사고를 말한다(2018. 1. 1. 이후 출퇴근 재해 인정).

▷ 출퇴근 중 발생한 사고: 일과 관련하여 주거지에서 일하는 곳으로 이동, 또는 지사에서 지사로의 이동 등

▷ 통상적인 경로와 방법으로 이동 중 발생한 사고: 사회통념상 이용할 수 있다고 인정되는 경로 및 방법으로 이동한 경우

▷ 경로의 일탈 또는 중단이 없어야: 출·퇴근을 위해 이동 중 개인적인 이유로 해당 경로를 벗어나거나 멈추면 안 됨

▷ 다만, 출·퇴근 과정에서 일어날 수 있는 일상생활에 필요한 행위로 예외적인 사고는 산재 보상이 가능

1. 일상생활에서 필요한 용품을 사는 행위

2. 학교, 직업훈련기관에서 교육이나 훈련을 받는 행위

3. 선거나 국민투표권의 행사

4. 직원이 보호하고 있는 아동, 장애인을 보육기관 또는 교육기관에 데려다주거나 데려오는 행위

5. 의료기관 또는 보건소에서 질병의 치료나 예방 목적으로 진료를 받는 행위

6. 직원의 돌봄이 필요한 가족 중 의료기관 등에서 요양 중인 가족을 돌보는 행위

7. 1~6까지의 준하는 행위로 고용노동부 장관이 일상생활에 필요한 행위라고 인정하는 행위(예외적으로 인정되는 일탈 또는 중단의 경우라도 그 전 과정이 아니라 이동 중의 재해만 보호됨)

② 산업재해보상 신청방법

일하다가 다쳤거나 병을 얻었다면 바로 병원에 가서 치료를 받아야 한다. 시간이 지난 후 병원에 가면 일하다 다쳤거나 병을 얻은 것을 인정받기가 어렵다. 그렇기에 아주 작은 사고라 하더라도 바로 병원에 가서 기록을 남기도록 하자.

산재를 신청하려면 근로복지공단 홈페이지에서 청구서 서식을 다운받아 작성하면 된다. 일하다가 다쳤거나 병을 얻었을 때 작성하는 것은 '요양급여 및 휴업급여 청구서'이고, 일하다가 사망사고가 발생했을 때는 '유족급여 및 장의비 청구서'를 사용한다.

청구서를 쓸 때는 다치거나 병을 얻게 된 상황에 대해 육하원칙에 따라 정확히 써야 한다. 청구서의 공간이 부족하면 별도의 종이에 상황을 써도 된다. 그리고 그 상황을 보충해줄 수 있는 회사 동료들의 증언을 함께 제출하는 것도 좋다. 예전에 산재를 신청하려면 청구서에 반드시 회사의 서명을 받아야 했다. 그런데 회사는 산재보험요율이 올라갈까 봐 산재신청을 거부하는 경우가 많았다. 그래서 이제 회사의 서명 없이 바로 산재신청이 가능하도록 법이 바뀌었다.

주치의의 소견서도 꼭 받아두자. 치료병원에서 상처나 질병 정도에 대한 확진명을 포함한 종합적 소견이 들어간 소견서를 받아둔다. 소견서 작성 시 치료기간을 충분히 가질 수 있도록 구체적인 사유와 기간을 자

세히 작성해달라고 요청하자. 가능하다면 치료경과가 작성된 차트, 상
태를 뒷받침해주는 X-ray, MRI, CT 촬영기록들도 가지고 있으면 좋다.

③ 산업재해 처리절차

① 요양신청

▶ 재해자의 인적사항, 소속 사업장, 재해발생 경위 등 기재하고 신청인(재해자)
날인

- 신청서 제출 위임란에 날인하면 의료기관이 토탈서비스를 통해 접수 가능

- 소속 사업장관리번호는 공단 홈페이지 '사업장관리번호' 검색 가능

▶ 병원에 제출하여 요양급여신청서 뒷면에 의사소견서 작성

▶ 또한, 업무상 질병(일부 상병 제외)은 업무상질병판정위원회에서 심의

- 신청서를 제출받은 소속기관장은 업무상 질병에 대하여 7일 이내에 판정위원
회에 심의를 의뢰하고, 판정위원회는 20일 이내(1차 10일 이내 연장 가능)에
심의하여 그 결과를 해당 소속기관장에게 통지

∴ 근로복지공단에서 산업재해로 인정해주면 근로복지공단에서 제공하는 산업

재해에 대한 여러 혜택을 받을 수 있음

※ 공단이 부담하지 않는 치료비(비급여 항목으로 산재환자 본인부담)

- 업무상 질병 또는 질병의 치료 목적이 아닌 진료 또는 투약

- 국민건강보험 기준에 의한 비급여 대상

- 상급병실 사용료 차액(다만, 종합병원 이상에서 상병상태가 응급진료, 수술 등
  으로 입원요양이 필요하나 일반병실이 없어 부득이 특실을 제외한 상급병실을
  사용하는 경우에는 7일의 범위 내에서 인정)

- 「선택진료에 관한 규칙」에 의해 실시한 선택진료(다만, 공단이 법 제119조에 따
  라 특진을 의뢰하는 경우에는 그 진료비용을 공단이 부담)

② 근로복지공단에서 산재로 인정해주지 않았을 때

ⅰ) 심사청구

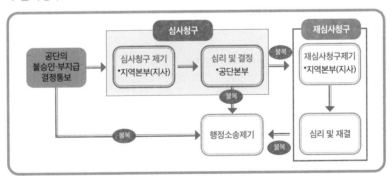

ii) 재심사청구

심사결정	⫸ 불복	재심사 청구서 작성	⫸ 90일 이내	근로복지공단 지역본부(지사)에 제출

※ 다친 직원이 병원비를 본인이 냈을 때

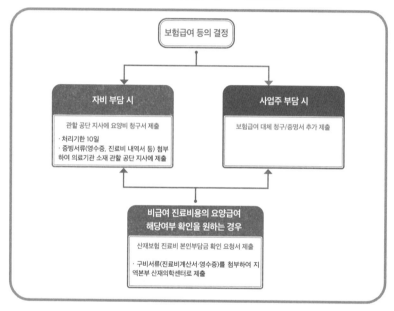

∴ 근로복지공단 병원 또는 산재지정 의료기관에서 치료를 받는 현물 급여가 원칙이며, 부득이하게 본인이 먼저 부담한 경우 산재환자에게 현금으로 지급 가능 진료비는 공단이 의료기관에 직접 지급. 다만, 산

재보험 요양급여 산정기준에서 정하지 아니한 비급여 항목 등 일부 본인 부담이 발생할 수 있음.

iii) 행정소송

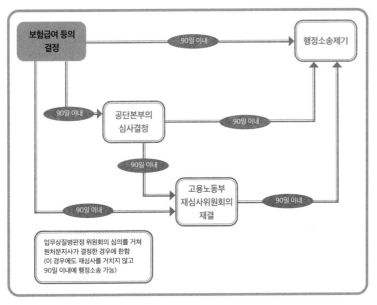

④ 산재에 대해 궁금한 것! Q&A

① 회사에서 합의금을 따로 받았는데 산재신청을 해도 될까?

회사에서 산재가 발생했다는 사실을 숨기려고 직원에게 합의금을 미리 주는 경우가 있다. 합의금을 받았어도 산재신청은 가능하다. 다만, 받은 합의금만큼 받을 산재보상금이 줄어들 뿐이다.

② 산재 신청했다가 회사에서 해고당할 것 같은데 어떻게 해야 하나?

직원이 일하다가 다쳤거나 병을 얻어 일을 쉬고 있는 동안(산재 인정받아 요양하는 기간)과 그 후 30일에는 회사는 절대 해당 직원을 해고할 수 없다. 만약 해고한다면 분명한 부당해고이다. 3개월이 지나기 전에 부당해고 구제신청을 하자!

15 산재보험·자동차보험·상해보험의 비교

구분	산재보험	자동차보험	상해보험
과실 여부	과실 있어도 보상	차등(과실 비율)	차등(약관)
재요양	○	×	×
합병증 예방관리	○	×	×
장해연금	○	×	×
유족연금	○	×	×
직업훈련 등 지원	○	×	×

∴ 산재보험제도의 특장점

1. 본인 과실에 상관없이 보상되고,

2. 상해보험 등 민간보험에 비해 보상수준이 높으며,

3. 장해·유족연금제도 및 재요양 등 다양한 재활서비스를 지원함.

산재보험
혜택에는
어떤 것이 있나요?

Q. 회사에서 일하다가 화상을 입었는데 회사에서 산재처리를 하라고 했습니다. 산재처리를 하면 어떤 혜택이 있나요?

일하다가 다쳐서 4일 이상 병원에 가야 한다면 산업재해처리를 할 수 있다. 국민연금, 건강보험, 고용보험은 회사와 직원이 반반씩 부담하지만 산재보험은 회사가 전액 보험료를 낸다. 직원의 안전을 책임지는 보험이기 때문에 직원에게는 보험료를 납부받지 않는다.

산재보험은 ▲요양급여 ▲휴업급여 ▲장해급여 ▲간병급여 ▲상병보상연금 ▲유족급여 ▲장의비 ▲직업재활급여 등 총 여덟 가지의 혜택이 있다. 이것은 치료 중, 치료 후의 혜택으로 나누어볼 수 있다.

그림2 산재보상금의 종류

① 치료 중

① 요양급여

▷ 업무 중 다친 곳을 치료할 때 필요한 병원비(진찰, 약제 또는 치료제의 지급,

　처치·수술 및 기타의 치료, 입원, 간호, 이송 등 포함)를 지급

▷ 요양급여 수급, 자가치유 후 재발하거나 악화되어 적극적 치료가 필요하다는

　소견이 나온 경우 재요양 가능

② 휴업급여

업무 중 다쳐서 일을 못 하게 된 경우 1일 평균임금의 70%를 1일 휴업

급여로 계산하여 지급

③ 간병료, 교통비

요양급여를 받는 직원 중 요양에 필요한 간병료와 교통비를 지급

② 치료 후

① 장해급여

업무상 부상을 당했거나, 병에 걸린 후 치유되었지만 신체에 정신적 또는 육체적 장해가 남은 경우 장해등급에 따라 지급

② 간병급여

치료가 끝난 후에도 간병인이 필요하여 간병이 실제 행하여지면 그 장해 및 간병 필요성 정도에 따라 간병비용을 지급한다.

③ 상병보상급여

요양급여를 받는 근로자가 요양 개시 후 2년이 경과되어도 치유가 되지 않아 중증요양상태(1~3급)에 해당되는 경우 휴업급여 대신 지급

ⅰ) 부상이나 질병이 치유되지 않음

ⅱ) 중증요양상태의 정도가 대통령령으로 정하는 기준에 해당할 것

ⅲ) 요양으로 인하여 취업하지 못함

④ 유족급여

직원이 업무상 사유로 사망한 경우 당시 직원이 부양하고 있던 유족에게 지급(연금 지급이 원칙이나 유족의 선택에 의하여 50% 일시금 지급 가능)

⑤ 장의비

직원이 업무상 사유로 사망한 경우 장제 실행자에게 그 장제에 소요되

는 비용을 지급

⑥ 직업재활급여

▷ 장해급여 받은 자나 받을 것이 명백한 사람 중 취업을 위하여 직업훈련이 필

요한 자에 대한 비용이나 수당 지급

▷ 복귀한 자가 직장적응훈련 혹은 재활운동 실시 시 지원금, 훈련비 지급

건강검진 대상자라는데, 꼭 받아야 하나요?

Q. 회사에서 올해 제가 건강검진 대상자라는 안내를 받았습니다. 저는 평소 주 3회 이상 운동하고 영양제도 잘 챙겨 먹고 있어서 굳이 건강검진을 받을 필요성을 못 느끼는데, 건강검진을 꼭 받아야 하나요?

회사는 산업안전보건법에서 정하는 대로 회사 업무의 종류에 따라 1년 또는 2년에 한 번씩 직원의 건강진단을 해야 한다.

국가에서는 매년 검사 대상자를 선별하여 회사에 명단을 보내준다. 해당 연도 검사 대상자는 매년 12월 31일까지 건강진단을 받아야 한다. 건강진단을 받지 않으면 회사와 직원 모두 과태료를 낸다. 5년간 위반 횟수에 따라 1회 10만 원, 2회 20만 원, 3회 30만 원이 부과된다. 회사가 1년에 두 번 이상 건강진단을 하라고 안내했음에도 직원이 건강진단을 하지 않으면 직원은 300만 원 이하의 과태료를 내야 한다. 평소 열심히 건강을 위해 운동하고 영양제를 챙겨 먹는 것은 알겠으나 과태료를 내지 않으려면 회사에서 받으라는 건강검진을 꼭 받자!

산업안전보건법 제129조(일반건강진단)
① 사업주는 상시 사용하는 근로자의 건강관리를 위하여 건강진단(이하 "일반건강진단"이라 한다)을 실시하여야 한다. 다만, 사업주가 고용노동부령으로 정하는 건강진단을 실시한 경우에는 그 건강진단을 받은 근로자에 대하여 일반건강진단을 실시한 것으로 본다.
② 사업주는 제135조 제1항에 따른 특수건강진단기관 또는 「건강검진기본법」 제3조 제2호에 따른 건강검진기관(이하 "건강진단기관"이라 한다)에서 일반건강진단을 실시하여야 한다.
③ 일반건강진단의 주기·항목·방법 및 비용, 그 밖에 필요한 사항은 고용노동부령으로 정한다.

건강검진 받을 병원을 지정해주고 평일에 검진받도록 배려하는 회사도 있지만 그렇지 않은 회사도 있다. 회사의 배려가 없다면 직원은 주말이나 공휴일에 건강검진을 받아야 한다. 국민건강보험공단 사이트 내 '병원 및 검진기관 찾기' 메뉴에서 평일에 시간을 내기 어려운 직장인을 위해 주말이나 공휴일에 검진하는 병원 목록을 조회할 수 있다. 예약하는 것이 좋으며, 건강검진 날짜를 잡았다면 최소 3일 전부터는 금주하는 것이 좋다. 정밀검사가 예정된 경우 병원으로부터 안내받은 금식 절차도 꼭 지켜야 한다. 또한 건강검진을 받기 전에 실시하는 설

문 결과에 따라 검진받을 항목이 달라질 수 있으니 솔직하게 응답하며, 복용 중인 약이 있다면 사전에 반드시 고지해야 하는 것도 잊지 말자!

∴ 건강검진의 종류

회사에서 하는 건강진단은 채용 시 건강진단, 일반 건강진단, 특수 건강진단, 배치 전 건강진단, 수시 건강진단, 임시 건강진단, 건강관리수첩 건강진단이 있다.

16 건강검진의 종류

종류	목적 및 의의
채용 시 건강진단	·근로자 신규채용 시 모든 근로자 대상으로(회사가 비용부담)
일반 건강진단	·만성질환 및 종양을 조기에 찾아내서 적절한 사후관리와 치료 목적 ·사무직 2년에 1회, 그 밖의 근로자는 1년에 1회 ·국민건강보험법의 직장가입자 대상
특수 건강진단	·특수 건강진단 대상 유해인자 취급업무 종사자 직업병 조기발견 목적
배치 전 건강진단	·신규채용 또는 작업부서 전환으로 특수 건강진단 대상업무 종사자 대상 ·근로자 적성배치와 기초 건강자료 축적 목적 ·업무적합성 평가[35]실시
수시 건강진단	·근로자들에게 건강장애를 의심하게 하는 증상이 나타나거나 의학적 소견이 있는 근로자에 대해 사업주가 특수건강진단기관에서 실시
임시 건강진단	·직업병 유소견자가 다수 발견된 경우 지방노동관서의 장 명령에 따라 실시
건강관리수첩 건강진단	·발암물질에 일정 기간 노출된 근로자 대상으로 업무종사 시뿐만 아니라 퇴직 후에도 매년 1회씩 직업상 암 조기발견 위해 실시

---

35 해당 근로자의 건강, 동료 근로자의 건강과 안전, 업무수행능력이라는 세 가지 측면에서 근로자가 종사하고 있는 업무를 지속적으로 수행하는 것이 가능한지 평가하는 것을 의미

회사에서 DC형 퇴직연금을
운영합니다.
연장근로가 많은데
퇴직연금에 반영되나요?

Q. 회사는 DC형 퇴직연금을 운영하고 있습니다. DC형 퇴직연금은 연봉의 1/12을 적립해주는 형태라고 알고 있습니다. 저희 회사는 연장근로가 많은데, 연장근로수당도 퇴직연금에 반영되나요?

퇴직금은 직원이 퇴직하면 받는 임금의 한 종류다. 예전에는 평생직장이라는 개념이 있어 퇴직금은 살면서 한 번 받았는데 요즘은 기본 서너 번 이상 이직한다고 하니 퇴직금 받을 기회가 더 많은 셈이다. 그런데 회사가 망하거나 어려우면 퇴직금을 받지 못할 수 있어 이를 걱정하는 직원이 늘어났다.

그래서 나라에서는 퇴직연금제도를 도입하였다. 퇴직연금은 퇴직금을 외부의 금융기관에 적립하여 퇴직금을 받지 못할 위험을 줄이고, 퇴직연금의 종류에 따라 다르지만 세액공제 혜택을 누릴 수 있다는 장점이 있다.

질문의 확정기여형(DC형) 퇴직연금제도는 연봉제인 회사에서 많이 도입하고 있는 제도이다. 회사가 직원의 연간 임금총액의 1/12 이상에 해당하는 부담금을 퇴직연금계좌에 적립하는 것이다. 그리고 직원이 퇴직연금상품을 선택하여 적립금을 운용하기 때문에, 직원이 어떤 금융상품을 선택하여 투자하는가에 따라 퇴직급여가 달라진다.

회사가 적립해야 하는 돈은 직원이 1년간 받는 임금총액의 1/12이다. 퇴직연금제도에서 회사의 부담금 산정을 위한 임금은 '회사가 근로의 대가로 직원에게 임금, 봉급, 그 밖의 어떠한 명칭으로든지 지급하는 모든 금품'을 말한다. 따라서 직원이 일한 대가로 지급된 연장근로수당은 임금에 해당하는 돈이다. 즉 연장근로수당도 1년간 받은 임금총액 안에 포함되기에, 직원이 받은 연장근로수당 총액의 1/12을 부담금으로 적립해야 한다.

∴ 퇴직연금제도

퇴직연금제도는 확정급여형(DB형), 확정기여형(DC형), 개인형 퇴직연금제도(IRP)로 나눌 수 있다.

구분	확정급여형(DB)	확정기여형(DC)	개인형 퇴직연금(IRP)
개념	·퇴직 시 지급할 급여 수준 및 내용을 노사가 사전에 확정 ·근로자 퇴직 시 사용자는 사전에 약정된 퇴직급여를 지급	·기업이 부담할 부담금 수준을 노사가 사전에 확정 ·근로자 퇴직 시 적립금 운용결과에 따라 퇴직급여를 수령	·퇴직으로 수령한 일시금 및 소득이 있는 모든 취업자가 자기부담금을 적립하여 운용할 수 있는 연금통산장치(개인형 IRP) ·10인 미만 사업장 적용을 위한 특례제도(기업형 IRP) ·퇴직일시금 수령자 가입 시 일시금에 대한 과세이연
적립금 운용주체	사용자	근로자	근로자
기업부담	적립금 운용결과에 따라 기업의 부담금 변동(운용수익률이 높을 경우 기업부담의 축소가 가능)	매년 기업의 부담금은 근로자 임금의 일정 비율로 확정(가입자 연간 임금총액의 1/12에 해당하는 금액 이상)	
퇴직급여	확정(근로기간과 퇴직 시 임금 수준에 따라 결정, 현행 퇴직금제도와 동일)	적립금 운용실적에 따라 퇴직급여 수준이 변동	적립금 운용실적에 따라 퇴직급여 수준이 변동
세액공제 혜택		○(가입자 추가부담분에 한하여 혜택)	○(가입자 추가부담분에 한하여 혜택)
중도인출		○(특정 사유)	○(특정 사유)
적합한 기업·근로자	·정년보장 등 고용이 안정된 기업	·연봉제 도입 기업 ·체불 위험이 있는 기업 ·직장이동이 빈번한 근로자	·소규모 기업 근로자(기업형 IRP) ·퇴직일시금 수령사 및 DB, DC 가입 근로자(개인형 IRP)

출처 : 하나은행 퇴직연금 안내

그림 3 퇴직연금제도의 종류

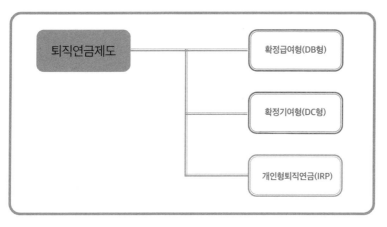

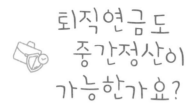

퇴직연금도 중간정산이 가능한가요?

Q. 퇴직금은 법에서 정한 일정한 사유에 해당하면 중간정산이 가능한 것으로 알고 있습니다. 그럼 퇴직연금도 중간정산을 할 수 있을까요?

퇴직금은 직원이 퇴직해야 받을 권리가 생기는 임금이다. 회사에 근무 중이라면 아직 퇴사 전이기 때문에 받을 수 없다. 다만, 직원에게 목돈을 써야 하는 일이 생겼을 때 회사에 다니면서 퇴직금을 중간정산할 수 있도록 정해놓있다. 아래와 같이 퇴직금 중간정산 사유에 해당할 때 회사에 퇴직금 중간정산을 신청할 수 있지만, 직원이 퇴사하기 전이기 때문에 회사가 이것을 반드시 허락해야 하는 것은 아니다.

퇴직금을 중간정산받을 수 있는 조건은 다음과 같다(근로자퇴직급여 보장법 시행령 제3조).

∴ 퇴직금의 중간정산 사유
① 무주택자인 직원이 본인 명의로 주택을 구입할 때
② 무주택자인 직원이 주거를 목적으로 전세금 또는 보증금을 부담할 때
  (이 경우 직원이 회사 다니는 동안 한 번만 가능)
③ 직원이 6개월 이상 요양을 필요로 하는 다음 어느 하나에 해당하는 사람의
  질병이나 부상에 대한 의료비를 해당 직원이 본인 연간 임금총액의 1천 분의
  125를 초과하여 부담할 때
  가.직원 본인
  나.직원의 배우자
  다.직원 또는 그 배우자의 부양가족
④ 퇴직금 중간정산을 신청하는 날부터 거꾸로 계산하여 5년 이내에 직원이 파
  산선고 혹은 개인회생절차개시 결정을 받았을 때
⑤ 회사가 기존의 정년을 연장하거나 보장하는 조건으로 단체협약 및 취업규칙
  등을 통하여 일정나이, 근속시점 또는 임금액을 기준으로 임금을 줄이는 제
  도를 시행할 때
⑤의2 회사가 직원과의 합의에 따라 소정근로시간을 1일 1시간 또는 1주 5시간
  이상 변경하여 그 변경된 소정근로시간에 따라 직원이 3개월 이상 계속 근로
  하기로 한 때
⑤의3 1주 52시간제 시행에 따른 근로시간의 단축으로 직원의 퇴직금이 감소될
  때
⑥ 재난으로 피해를 입은 경우로서 고용노동부장관이 정하여 고시하는 사유에
  해당할 때

그럼 퇴직금이 아닌 퇴직연금제도를 실시하는 경우에도 중간정산
이 가능할까? 확정기여형(DC형) 퇴직연금, 개인형 퇴직연금(IRP)은 일
정한 조건을 충족할 경우 중간정산 혹은 중도인출이 가능하다(근로자퇴
직급여 보장법 시행령 제14조).

∴ 퇴직연금제도의 중간정산 사유
① 무주택자인 직원이 본인 명의로 주택을 구입할 때
② 무주택자인 직원이 주거를 목적으로 전세금 또는 보증금을 부담할 때
  (이 경우 직원이 회사 다니는 동안 한 번만 가능)
③ 직원이 6개월 이상 요양을 필요로 하는 다음 어느 하나에 해당하는 사람의 질병이나 부상에 대한 의료비를 해당 직원이 본인 연간 임금총액의 1천 분의 125를 초과하여 부담할 때
  가. 직원 본인
  나. 직원의 배우자
  다. 직원 또는 그 배우자의 부양가족
④ 중도인출을 신청하는 날부터 거꾸로 계산하여 5년 이내에 직원이 파산선고 혹은 개인회생절차개시 결정을 받았을 때
⑤ 퇴직연금제도의 급여를 받을 권리를 담보로 제공하고 대출을 받은 가입자가 그 대출 원리금을 상환하기 위한 경우로서 고용노동부장관이 정하여 고시하는 사유에 해당할 때
⑥ 재난으로 피해를 입은 경우로서 고용노동부장관이 정하여 고시하는 사유에 해당할 때

확정급여형(DB) 퇴직연금의 중간정산 혹은 중도인출이 안 되는 이유는 무엇일까?

① 확정급여형(DB)은 마지막 연도의 연봉을 기준으로 퇴직급여를 산정하기 때문에 재직 중에는 수급액을 확정할 수 없고,

② 중도인출 시 적립비율이 낮아져 다른 가입자의 수급권을 저해하며,

③ 적립금 운용과 연금계리[36]가 곤란해지는 점 때문이다.

따라서 확정급여형(DB) 퇴직연금을 운영하는 회사에서는 무주택자

---

36 퇴직급여 부채를 예상하고, 부채에 대한 자산운용계획을 세워나가는 과정

의 주택 구입, 부양가족의 요양비 마련 등의 사유가 있다고 하더라도 중간정산이 불가능하다. 다만,

① 임금감소로 퇴직금이 감소할 여지가 있어 중간정산을 원하는 경우에는 직원대표와의 협의로 확정기여형(DC형) 퇴직연금으로 바꿀 수 있고(근로자퇴직급여 보장법 제32조제4항),

② 무주택자의 주택 구입, 전세보증금, 근로자 또는 부양가족의 6개월 이상 요양이 필요한 경우, 직원이 파산선고 또는 개인회생절차개시 결정을 받은 경우 등은 퇴직연금 적립금의 50% 범위 내에서 담보대출이 가능하다(근로자퇴직급여 보장법 제7조 제2항, 동법 시행령 제2조).

∴ 확정급여형(DB) 퇴직연금으로 담보대출이 가능한 경우
① 무주택자인 직원이 본인 명의로 주택을 구입할 때
② 무주택자인 직원이 주거를 목적으로 전세금 또는 보증금을 부담할 때
  (이 경우 직원이 회사 다니는 동안 한 번만 가능)
③ 직원이 6개월 이상 요양을 필요로 하는 다음 어느 하나에 해당하는 사람의 질병이나 부상에 대한 의료비를 해당 직원이 본인 연간 임금총액의 1천 분의 125를 초과하여 부담할 때, 혹은 대학등록금, 혼례비 또는 장례비를 가입자가 부담할 때
  가. 직원 본인
  나. 직원의 배우자
  다. 직원 또는 그 배우자의 부양가족
④ 담보를 제공한 날부터 거꾸로 계산하여 5년 이내에 직원이 파산선고 혹은 개인회생절차개시 결정을 받았을 때
⑤ 회사의 휴업으로 직원의 임금이 감소하거나 재난으로 피해를 입은 경우로 고용노동부 장관이 고시하는 사유와 요건에 해당할 때

∴ 퇴직금 중간정산을 받고 1년이 지나지 않은 때 퇴사하면?

퇴직금 중간정산을 받은 후 퇴사까지의 기간이 1년이 되지 않으면 퇴직금은 어떻게 될까? 어찌 되었든 회사에 다닌 기간이 1년이 넘었기 때문에 퇴직금을 중간정산받은 다음 날부터 퇴사한 날까지 계산된 퇴직금을 받을 수 있다.

육아휴직 중인데 퇴직연금은 계속 납입되는 건가요?

Q. 육아휴직 중입니다. 회사는 DC형 퇴직연금에 가입되어 있는데요, 육
아휴직 기간에는 회사로부터 받는 돈이 없는데 제 퇴직연금은 어떻게
되고 있는지 궁금합니다.

회사에서 임금을 받지 않아도 근로계약관계가 계속 유지되고 있는
경우가 있다. 바로 출산휴가, 육아휴직, 산재보상을 받는 경우이다.

퇴직금이나 확정급여형(DB) 퇴직연금은 퇴직 시점을 기준으로 계
산되기 때문에 일하는 기간에 공백기간이 있다 하더라도 퇴직금을 산
정하면서 큰 어려움이 없다. 공백기간 후 근로기간이 3개월이면 그 기
간을 기준으로 퇴직금을 계산하고, 공백기간 직후 바로 퇴사하면 공백

기간 이전 3개월을 기준으로 퇴직금을 계산하면 되니까 말이다.

확정기여형(DC) 퇴직연금은 직원이 매년 회사로부터 받은 임금의 1/12을 적립해야 한다. 그런데 출산휴가나 육아휴직의 경우에는 회사에서 받는 월급이 없다. 그래서 회사에서 해당 직원의 퇴직연금을 적립하지 않는 경우가 생긴다. 하지만 「근로자퇴직급여 보장법」, 「근로기준법」, 「남녀고용평등과 일·가정 양립 지원에 관한 법률」에 따라 육아휴직 기간도 계속근로로 보고 퇴직연금을 적립해주어야 한다.

> ∴ 남녀고용평등과 일 · 가정 양립 지원에 관한 법률 제19조(육아휴직)
> ④ 사업주는 육아휴직을 마친 후에는 휴직 전과 같은 업무 또는 같은 수준의 임금을 지급하는 직무에 복귀시켜야 한다. 또한 제2항의 육아휴직 기간은 근속기간에 포함한다.

① 해당 연도에 육아휴직을 사용한 경우

회사는 아래의 식을 이용하여 퇴직연금을 적립해주어야 한다.

$$\frac{연간\ 임금총액 - 육아휴직\ 기간\ 동안\ 지급된\ 임금}{12개월 - 육아휴직\ 기간}$$

② 연간 퇴직 적립금 산정기간 전부가 휴직기간일 때

전년도의 임금총액의 1/12에 해당하는 금액을 퇴직연금으로 적립해주면 된다(출산휴가의 경우도 마찬가지다).

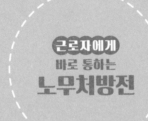

PART 3

그만두며

월급을 못 받았을 때는 어떻게 해야 하나요? -1

Q. 회사를 그만둔 지 3개월 정도 되었습니다. 친구와 이야기를 나누던 도 중에 제가 연장근로수당을 제대로 못 받았다는 것을 알았습니다. 이걸 받기 위해서 저는 어떻게 해야 할까요?

회사 다닐 때 지급해야 했던 연장·야간·휴일근로수당 등 시간외근 로수당이 있다는 것을 퇴사 후에 알았다면 어떻게 해야 할까? 회사에 뒤통수를 맞은 듯한 기분으로 억울함과 분노를 느끼고만 있을 것인가?

직원이 일하고 법적으로 받을 수 있는 돈을 받지 못한 것, 회사에서 그 돈을 주지 않은 것을 '임금체불'이라 한다. 회사로부터 받을 수 있는 임금에는 우리가 말하는 월급, 시간외근로수당, 미사용 연차유급휴가수당, 해고예고수당 등이 있다. 질문에서처럼 연장근로수당을 받지 못한 것을 알게 되었다면 체불된 연장근로수당을 받기 위해서는 어떻게 해야 할까? 무조건 노동청에 달려가는 것이 방법일까?

우선 회사에 연락하여 못 받은 연장근로수당이 있다는 것을 자세히 설명하고, 이 부분을 달라고 요구하는 것이 좋다. 노동청에 진정하면 바로 회사가 연장근로수당을 줄 거라 생각하지만, 현실은 그렇지 않은 경우가 더 많다. 또 노동청에 신고하면 절차대로 조사받아야 하니 직원은 노동청에 왔다 갔다 하는 시간과 교통비도 써야 한다. 그렇기에 회사와 잘 이야기해서 원만히 해결하는 것이 가장 좋은 방법이긴 하다. 회사와 이야기를 잘 나눠서 연장근로수당을 받으면 좋지만, 대개의 회사는 이미 다 지급했으니 더 이상 줄 것이 없다며 의견이 좁혀지지 않더라! 그때는 어쩔 수 없이 최후의 방법으로 회사를 고용노동부에 임금체불로 진정할 수밖에 없다.

그러나 퇴사한 다음 날 임금체불 진정을 위해 노동청에 달려가도 노동청에서는 진정을 받아주지 않을 것이다. 근로기준법 36조에 따라 14일을 기다렸다 오라고 할 것이다.

> ∴ 근로기준법 제36조(금품 청산)
>
> 사용자는 근로자가 사망 또는 퇴직한 경우에는 그 지급 사유가 발생한 때부터 14일 이내에 임금, 보상금, 그 밖의 모든 금품을 지급하여야 한다. 다만, 특별한 사정이 있을 경우에는 당사자 사이의 합의에 의하여 기일을 연장할 수 있다.

그리고 직원이 회사로부터 지급받지 못한 연장근로수당이 있다는 증거를 가지고 있어야 한다.

"전 연장근로를 한 것이 맞고 다른 직원들도 다 알고 있어요. 그런데 무슨 증거가 더 필요한가요?"

대부분 직원은 노동청은 무조건 직원의 편이라 생각한다. 하지만 노동청은 진정이 들어오는 사건을 객관적으로 판단하는 곳이다. 어느 한쪽 편을 들어주는 곳이 아니다. 회사가 직원에게 지급할 금액이 남아 있다는 증거를 가지고 임금체불 진정을 해야 한다. 그냥 '못 받은 연장근로수당이 있습니다.'라고 말로만 하면 노동청에서는 받아주지 않는다. 노동청은 회사 혹은 회사 대표를 임금 미지급으로 형사처분할 수도 있기 때문이다. 다시 말하지만, 서류 등의 정확한 증거가 있어야 한다.

회사에서 일했다면 근로계약서를 썼을 것이다. 근로계약서와 회사로부터 월급을 받은 입금내역도 가지고 있어야 한다. 근로계약서로 언제부터 그 회사에서 일했는지, 근로조건이 어땠는지를 정확히 알 수 있으며, 통장의 입금내역은 회사로부터 지급받은 금액이 얼마인지, 얼마를 더 받아야 하는지 알 수 있는 증거이다.

또 직원이 회사로부터 받을 연장근로수당이 있다는 것을 알았을 때 회사에 연락해 지급받지 못한 연장근로수당이 있으니 이를 지급해달라고 요구한 통화 혹은 문자 등을 녹음이나 캡처해 남겨놓는 것이 좋다.

그 외 연장근로를 했다는 증거가 더 있으면 좋다. 근무일지를 작성했거나 출퇴근 카드를 찍었다면 그 기록을 확보하는 것이 좋다. 그런 기록이 없다면 출퇴근 시 사용했던 교통카드 내역도 괜찮다. 이것마저도 없다면 회사 안에서 찍은 휴대전화 사진의 촬영시간, 카톡으로 지인과 대화한 내용이나 시간도 증거로 제출 가능하다. 증거능력이 조금 약하지만 함께 일한 동료의 진술서도 도움이 된다.

증거를 잘 모았다면 고용노동부에 임금체불을 진정하자. 정확히 말하면 회사 주소지를 담당하는 고용노동지청[37]에 임금체불을 진정하면 된다. 임금체불 진정은 온라인 또는 지청에 직접 방문해 가능하다.

∴ 온라인
고용노동부 홈페이지(www.moel.go.kr) > 민원신청 > 임금체불진정서 등록

∴ 직접방문
회사 담당 고용노동지청에 방문 > 민원실에 임금체불진정서 제출

---

37 회사의 주소(구까지만 알고 있으면 됨)를 가지고 고용노동부 홈페이지(www.moel.go.kr)
> 민원 > 지방청/고용센터찾기를 하면 회사 담당 고용노동지청을 찾을 수 있다.

∴ 임금체불 진정사건 처리절차

① 임금체불 진정하면 문자로 해당 사건 담당 근로감독관[38]이 배정된다.

② 근로감독관은 직원과 회사의 대표자(혹은 담당자)를 불러 연장근로수당을 지급하지 않은 것이 맞는지, 지급한 것이 맞는지 사건이 일어나게 된 경위, 시기 등 육하원칙에 의해 조사한다. 조사 횟수는 1회로 끝날 수도, 4~5회가 넘게 이루어질 수도 있어 사건에 따라 달라진다.

③ 조사 후 회사가 직원에게 연장근로수당을 지급하지 않은 것이 맞다면 근로감독관은 체불임금을 확정하고 직원에게 연장근로수당을 지급하라고 회사에 지시한다.

④ 회사가 직원에게 미지급한 연장근로수당을 지급하면 사건은 끝난다.

⑤ 회사가 돈을 지급하지 않았거나, 직원이 회사를 처벌하고 싶다고 했을 경우 감독관은 회사에게 체불임금을 확정한 후 지급을 권유하고 범죄사실의 수사를 다시 한번 한다. 그리고 수사결과를 검찰에 송치한다.

⑥ 회사는 검찰로 가서 다시 사건에 대한 조사를 받고 처벌을 받는다.

직원이 노동청을 통해 임금체불을 진정하는 이유는 지급받지 못한 급여를 받기 위해서이다. 회사는 일이 커지는 것을 막고 싶으니 노

---

38 근로감독관은 내가 진정한 임금체불 사건을 조사하는 고용노동부 공무원으로, 사법경찰의 권한을 가지고, 수사방법의 재량을 가지고 있다.

동청에 진정된 사건이 빨리 종료되길 원한다. 그래서 직원에게 합의하자고 제안하는 경우가 있다. 그러면서 노동청에 제기한 진정은 취하(취소)를 해달라고 말한다. 직원의 입장에서는 급여를 받는 것이 목적이니 감정이 아주 좋지 않은 이상 급여가 지급되면 진정을 취하해준다.

그림4 임금체불 진정 처리절차[39]

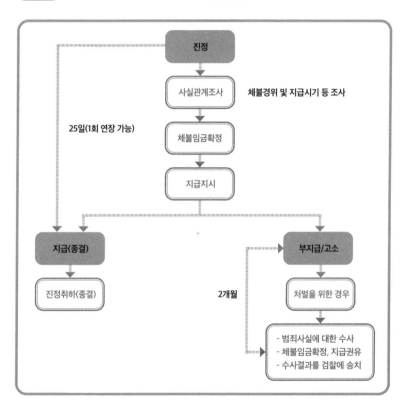

---

39 찾기쉬운 생활법령정보 '지방고용노동관서 신고(진정 · 고소)에 따른 해결'

간혹 회사에서 급여를 나중에 줄 테니 우선 노동청의 사건부터 취하하라는 경우도 있고, 어떤 회사는 취하하기 전에는 돈을 주지 않겠다고 선전포고(?)하는 경우도 있어, 그 말대로 급여가 입금되기 전에 진정을 취소하는 이들이 있다. 절대로! 절대로! 절대로 그러면 안 된다!

회사는 진정이 취하되면 원하는 것을 이루었고, 직원에게 급여를 주지 않아도 될 것 같다. 그때부터는 직원이 안달 나기 시작한다. 괜히 취하한 것 같고 회사에 다시 뒤통수를 맞은 것만 같다. 두 번 당한 것 같은 생각에 노동청에 다시 가서 진정을 넣으려고 하지만, 받아주지 않는다. 한번 취하한 사건은 다시 진정할 수 없기 때문에, 노동청에서도 더 이상 이 사건을 받아주지 않는 것이다. 이런 경우 밀린 급여를 받으려면 회사를 상대로 민사소송을 진행해야 한다. 고용노동부에서 진정하는 것보다 더 많은 돈과 시간이 든다. 상상만 해도 숨 막히고 힘든 상황이지 않은가!

<u>그러니 회사가 아무리 취하를 요구해도, 합의서를 썼다고 해도, 직원의 통장에 해당 금액의 입금을 확인하고 나서 사건을 취하해야 한다는 것을 마음속에 새겨야 한다.</u>

월급을 못 받았을 때는 어떻게 해야 하나요? -2 (체당금제도의 활용)

Q. 회사가 부도 났습니다. 그래서 한 달 치 월급하고 2년 치 퇴직금을 못 받았습니다. 회사는 망했고, 저는 받을 돈이 있고. 이런 경우 제가 구제받을 방법은 없나요?

회사를 위해서 열심히 일했다. 그에 대한 대가를 받아야 하는데, 대가를 지급하는 회사가 하루아침에 망했다. 그럼 나는 어떻게 해야 할까? 내 노동의 대가는 누가 보상해줄까?

국가는 이런 직원을 위해 임금채권보장법에 따른 '체당금'이라는 제도를 만들었다. 대신 갚아준다는 뜻의 이 제도는 부도가 난 회사의 직원이 받지 못한 임금, 퇴직금, 휴업수당을 청구하면 고용노동부 장관이 회사를 대신해 갚아주는 제도이다. 대신, 나라는 나중에 회사에 구상권[40]을 청구하여 먼저 지급한 돈을 받는다.

체당금은 회사가 망했을 때 신청할 수 있는 일반체당금, 회사가 망하지 않아도 신청할 수 있는 소액체당금의 두 가지로 나뉜다.

① 일반체당금[41]

① 일반체당금 지급요건

법원의 파산선고 또는 회생절차개시 결정이 있거나(재판상 도산) 회사가 영업을 중단하고 임금지급능력이 없거나 현저하게 곤란한 경우(사실상 도산) 지급받을 수 있음.

▷ 회사 : 산재보험에 가입되어 있어야 하며 6개월 이상 사업했어야 함

▷ 직원 : 퇴직기준일의 1년 전이 되는 날 이후 3년 이내에 소속 사업(장)에서 퇴직한 근로자만 신청 가능

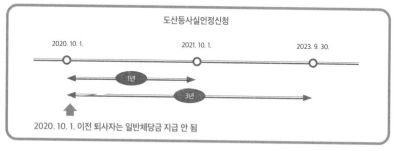

---

40 구상권: A가 C의 돈을 갚지 않아 B가 대신 물어줬을 경우, 이때 B가 A에게 반환을 청구할 수 있는 권리
41 근로복지넷 > 임금채권 > 일반체당금 지급

② 일반체당금 상한액

18 현행 일반체당금 월정 상한액(2020년 1월 1일부터)

퇴직당시 연령 / 항목	30세 미만	30세 이상 40세 미만	40세 이상 50세 미만	50세 이상 60세 미만	60세 이상
임금·퇴직 급여 등	220만 원	310만 원	350만 원	330만 원	230만 원
휴업수당	154만 원	217만 원	245만 원	231만 원	161만 원
출산전후 휴가기간 중 급여	310만 원	310만 원	310만 원	310만 원	310만 원

∴ 2020년 1월 1일 이후 사실상 도산, 재판상 도산을 신청한 경우

③ 일반체당금 처리절차

▷ 지방고용노동관서에 『일반체당금 지급청구서』와 체당금의 지급요건에 대한 『확인신청서』를 제출(법원의 도산 결정이 아닌 지방노동관서의 '사실상 도산 인정'을 받고자 하는 경우에는 『도산 등 사실인정 신청서』를 먼저 제출받아 『인정통지서』를 받은 후 신청서 접수)

▷ 지방고용노동관서에서 사실확인 결과를 『확인통지서』 또는 『확인불가통지서』에 의거 신청인에게 통지

▷ 지방고용노동관서에서 신청인이 일반체당금의 지급요건을 충족하는 경우에는 『일반체당금 지급청구서』와 『확인통지서』(사본)를 근로복지공단에 송부

▷ 근로복지공단은 『일반체당금 지급청구서』가 송부되면 특별한 사유가 없는 한 그날부터 7일 이내에 예금계좌로 입금

② 소액체당금[42]

① 소액체당금 지급요건

▷ 회사가 망하지 않아도 신청 가능

▷ 회사가 산재보험에 가입되어 있고, 6개월 이상 사업했어야 함

▷ 직원 퇴직 후 2년 이내 소송제기하거나 확정판결 후 1년 이내에 근로복지공단

에 『소액체당금 지급청구서』를 제출해야 함.

② 소액체당금 지급절차

▷ 회사를 관할하는 고용노동청에 임금체불 진정 후 『임금체불확인원(서)』 발급

▷ 법률구조공단 소송신청 및 확정판결문 발급 등 집행권원 확보

▷ 근로복지공단에 소액체당금 지급 청구 및 지급

③ 소액체당금 지급금액

▷ 최종 3월분 체불임금·휴업수당, 최종 3년분 체불 퇴직금 중 최대 1,000만 원

▷ 임금·휴업수당과 퇴직금을 구분하여 항목별 상한액을 각 700만 원으로 설정

∴ 중복지급 방지

같은 근무기간에 대하여 소액체당금을 받은 근로자가 사업장 도산 등

---

42   근로복지넷 > 임금채권 > 소액체당금 지급

으로 일반체당금을 신청한 경우 먼저 지급받은 소액체당금을 공제하고 지급. 사업장 도산으로 일반체당금을 받은 경우에는 소액체당금은 지급대상에서 제외됨.

19 소액체당금 상한액

항목	상한액
총상한액	1000만 원
임금(출산전후 휴가기간 중 급여, 휴업수당*)	700만 원
퇴직금	700만 원

*휴업수당은 임금과 합산하여 상한액 700만 원으로 설정

⇨ 『체당금 상한액 고시』 개정(고용노동부고시 제2021-8호, 2021년 1월 21일) 시행에 따라 2019년 7월 1일 이후 최초로 민사 확정판결 등을 받은 경우부터 적용(판결 등 집행권원 확정일이 2019년 6월 30일 이전인 경우는 2019년 7월 1일 이후 소액체당금 지급청구를 하더라도 기존 소액체당금 상한액인 최대 400만 원 적용)

∴ 법률구조공단 방문 시 필요서류

신분증, 도장, 체불금품확인원 원본, (회사가 법인일 경우 법인등기부등본)

∴ 근로복지공단 방문 시 필요서류

확정판결문 원본, 체불금품확인원 원본, 신분증, 본인 통장, 소액체당금 지급청
구서

∴ 2020년 8월 24일부터 온라인 접수 가능

고용·산재보험 토탈서비스(http://total.kcomwel.or.kr)

· 예시 : 판결 등 확정일이 2020년 1월 10일인 경우 청구기한은 1년 이내인 2021

년 1월 9일임(선고일 또는 결정일이 아닌 확정일 기준임)

∴ 소액체당금 간소화 절차 시행(2021. 10. 14. 시행)

기존의 소액체당금 절차가 완료되려면 7개월의 기간이 걸렸다. 또한 회

사를 다니고 있는 직원은 체당금을 신청할 수 없었다. 체당금 신청기간

과 체당금의 혜택범위를 늘릴 수 있는 소액체당금절차 간소화 법률이

국회를 통과하게 되었다.

① 2021년 10월 14일부터 재직근로자도 임금 등을 지급받지 못한 경우

소액체당금을 받을 수 있다.

② 회사로부터 임금을 못 받은 퇴직 직원은 법원의 확정판결을 받지 않

아도 회사의 주소지를 관할하는 지방고용노동관서에서 『체불 임금

등·사업주 확인서』를 발급받아 회사의 미지급 임금 등이 확인되면

소액체당금을 받을 수 있다.

③ 2021년 10월 14일부터 '체당금'이라는 용어가 '체불 임금 등 대지급금'(약칭: 대지급금)으로 변경된다.

[참고] 고용노동부 홈페이지>보도자료>"임금채권보장법 등 7개 개정 법률안 국회 본회의 통과" 보도자료('21.3.24.)

20 변경되는 체당금 정책

	현행	개정
체당금 지급대상	퇴직자	퇴직자 및 재직자
체당금 지급대상 절차	법원의 확정판결이 있는 경우에만 소액체당금 지급 (약 7개월 소요)	법원 확정판결이 없어도 지방고용노동관서에서 발급한 체불 임금등·사업주 확인서로 미지급 임금 등이 확인된 경우에도 소액체당금 지급 (약 2개월 소요)
용어 변경	체당금	체불 임금등 대지급금(약칭: 대지급금)

미지급된 임금과 퇴직금은 언제까지 청구 가능한가요?

Q. 현재 회사에 다니고 있는데 우연히 5년 전에 다니던 회사의 사장을 보았습니다. 그때 사장이 돈이 없다면서 세 달 치 임금과 퇴직금을 주지 않았었는데, 지금 노동청에 신고해도 될까요?

일을 했다면 그에 대한 대가를 받아야 하는 것이 마땅한 일이다. 하지만 여러 이유로 일한 대가를 받지 못하는 경우가 있다. 그렇다면 임금을 받지 못한 직원은 밀린 임금을 받을 수 있도록 해달라고 고용노동부에 요구(진정)하거나, 사장님을 근로기준법 위반으로 처벌해달라고 요구(고소)할 수 있다.

직원이 사장님에게 임금을 달라고 청구할 수 있는 권리를 '임금채권'이라 한다. 임금채권이라는 것은 소멸시효가 존재한다. 즉, 일정 기간 권리를 행사하지 않으면 그 권리가 없어지는 것이다. 근로기준법에서 임금채권의 소멸시효는 3년으로 하고 있다. 따라서 직원에게 임금채권이 있다 하더라도 3년의 기간 내에 해당 권리를 행사하지 않으면 임금채권이 없어져 임금을 청구할 수 없다.

소멸시효는 채권을 행사할 수 있는 날부터 진행된다. 임금채권은 임금, 퇴직금, 미사용 연차유급휴가수당 등으로 나누어볼 수 있다.

① 임금 : 월급날을 기준으로 소멸시효가 진행된다. 1일부터 말일까지 일한 임금을 다음 달 5일에 받는다면, 5일을 기준으로 임금의 소멸시효가 진행된다.

② 퇴직금 : 퇴직하는 날이 퇴직금을 받을 권리가 생기는 날이기 때문에, 퇴직한 다음 날부터 3년간 청구할 수 있는 권리가 생긴다.

③ 미사용 연차유급휴가수당 : 수당의 청구권이 생긴 날부터 3년간 청구할 수 있다. 그럼 미사용 연차유급휴가수당은 언제 생기는 것일까? 직원이 연차가 생기고 난 후 1년간 사용하지 않았을 때 생긴다. 예를 들어 2021년 1월 1일에 생긴 연차는 2021년 12월 31일까지 사용할 수 있고, 그 기간 내에 사용하지 않은 연차는 2022년 1월 1일 미사용 연차유급휴가수당이 되어, 2022년 1월 1일부터 3년의 기간 내에 청구할 수 있다.

④ 해고예고수당 : 해고예고수당은 회사로부터 해고를 당하는 날로부터 3년의 소멸시효가 진행된다.

민법에서는 '임금채권'의 소멸시효를 중단할 수 있다고 한다. 그 사유는 '재판상의 청구나 압류 또는 가압류, 가처분 및 승인'이라 정하고 있다. 즉, 직원이 아직 소멸하지 않은 임금에 대하여 민사소송을 제기(재판상 청구)하면 임금의 소멸시효는 중단될 수 있다. 소멸시효가 중단되면 그때까지의 소멸시효 효력이 사라지고 다시 진행하게 된다. 임금 체불로 직원이 사장님이나 회사를 상대로 민사소송이 아닌 노동청에 진정이나 고소를 제기하는 것은 민법에서 정한 소멸시효 중단 사유에 해당하지 않기 때문에 소멸시효는 계속 진행된다.

체불된 월급에서 이자도 받을 수 있나요?

Q. 사장님이 갑자기 회사를 정리하고 도망갔습니다. 회사 다니면서 월급을 두 달 치 밀려서 계속 걱정했는데 이런 일이 생겼어요. 못 받을 걸로 생각해 포기하고 있었는데 1년이 지나 겨우 사장님과 연락이 닿았고, 제게 지급하지 못한 두 달 치 월급을 주겠다고 합니다. 빌려준 돈도 이자를 받는데, 저도 사장님한테 월급 두 달 치를 늦게 받는 것이니 그에 대한 이자를 받을 수 있나요?

　못 받을 줄 알고 포기했는데 1년이 지나 밀린 월급을 받을 수 있게 되었으니 다행이라 생각해야 할까? 아니다. 근로기준법에서는 제때 월급을 받지 못했다면 그에 대한 이자를 청구할 수 있게 되어 있다.

∴ 근로기준법 제37조(미지급 임금에 대한 지연이자)

① 사용자는 제36조에 따라 지급하여야 하는 임금 및 「근로자퇴직급여 보장법」 제2조 제5호에 따른 급여(일시금만 해당된다)의 전부 또는 일부를 그 지급 사유가 발생한 날부터 14일 이내에 지급하지 아니한 경우 그 다음 날부터 지급하는 날까지의 지연 일수에 대하여 연 100분의 40 이내의 범위에서 「은행법」에 따른 은행이 적용하는 연체금리 등 경제 여건을 고려하여 대통령령으로 정하는 이율에 따른 지연이자를 지급하여야 한다.

② 제1항은 사용자가 천재·사변, 그 밖에 대통령령으로 정하는 사유에 따라 임금 지급을 지연하는 경우 그 사유가 존속하는 기간에 대하여는 적용하지 아니한다.

① 지연이자는 얼마인가?

회사에서 직원에게 늦게 지급한 월급에 대한 지연이자는 연 20%이다.

② 누가 신청할 수 있나?

지연이자는 회사를 그만둔 퇴직자만 신청할 수 있다. 회사 다닐 때 월급을 밀린 직원들은 지연이자를 신청할 수 없다.

③ 지연이자를 신청할 수 있는 항목은?

회사에서 받지 못한 월급과 퇴직금에 대하여 지연이자를 신청할 수 있다. 회사로부터 교통비, 식대, 인센티브 등을 받지 못한 것에 대해서는 그 돈만 받을 수 있을 뿐 이자까지 신청할 수는 없다.

④ 지연이자는 언제부터 신청 가능할까?

지급 사유가 발생한 날로부터 14일이 지나고 15일이 되는 날부터 계산한다. 그날부터 실제 돈을 받은 날까지 연 20%의 이자율이 적용된다.

⑤ 월급을 나중에 주기로 회사와 직원이 합의한 경우에는?

회사 사정이 좋지 않아 회사를 그만둔 직원과 합의하면 근로기준법 제36조에 명시된 퇴사 후 14일[43] 이내의 기한을 지키지 않아도 된다. 즉, 지급일을 늦출 수 있다. 하지만 그 지급일을 늦출 수 있다는 것이지 지연이자를 안 줘도 된다는 말은 아니다. 회사는 직원에게 월급을 늦게 주는 만큼 이자를 지급해야 한다.

⑥ 지연이자를 주지 않아도 되는 경우가 있을까?

천재·사변 등의 경우나 회사가 망한 경우(사실상 도산, 파산선고 등), 회사와 직원 간에 월급과 퇴직금의 다툼이 있을 때는 지연이자를 주지 않아도 된다.

---

43 근로기준법 제36조(금품 청산)
　　사용자는 근로자가 사망 또는 퇴직한 경우에는 그 지급 사유가 발생한 때부터 14일 이내에 임금, 보상금, 그 밖의 모든 금품을 지급하여야 한다. 다만, 특별한 사정이 있을 경우에는 당사자 사이의 합의에 의하여 기일을 연장할 수 있다.

⑦ 지연이자 계산방법은?

지연이자 = 지연된 월급 또는 퇴직금 × 이율(20%) × (지연일 / 365일)

예) 회사로부터 못 받은 돈은 월급 450만 원과 퇴직금 1,000만 원이고,

25일간 지연되었다면, 지연이자는 얼마?

(450만 원 + 1,000만 원) × 20% × (25일 / 365)

= 1,450만 원 × 20% × 0.0685

= 약 198,630원

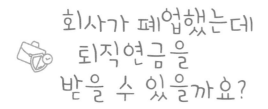

회사가 폐업했는데 퇴직연금을 받을 수 있을까요?

Q. 회사가 어렵다는 것은 알고 있었습니다. 그래도 이겨낼 거라 생각했는데 끝내 폐업하고 말았어요. 다행히 월급은 밀리지 않았는데 퇴직금은 아직 못 받았습니다. 회사에서 퇴직연금을 넣어놓았으니 찾아가라는데, 어떻게 찾아야 하나요?

퇴직금보다 퇴직연금이 좋은 이유는 회사가 망해도 퇴직금을 받을 수 있기 때문이다. <u>퇴직연금은 외부 금융기관에 적립되어 있어, 회사의 폐업 여부와 상관없이 나의 퇴직금은 그대로 살아 있다.</u>

퇴직연금은 회사에 신청해서 받아야 하는데, 대개 회사가 갑자기 폐업하거나 망하면 회사의 사장님과 연락이 불가능한 경우가 많다. 그럼 회사가 망해도 받을 수 있다는 퇴직연금을 어떻게 찾아야 할까?

① 퇴직연금 가입사실 확인하기

회사가 어떤 금융기관에 퇴직연금을 가입했는지 모르는 경우, 통합연금포털[44]에 접속하여 퇴직연금 가입사실을 확인

∴ 통합연금포털 접속방법
1. 통합연금포털 사이트에 접속 → 내 연금조회 → 연금계약정보
2. 이용절차
   서비스신청 및 이용동의 등 회원가입 → 연금조회 신청(3영업일 소요) → 연금조회(최초 이용 시에만 3영업일이 걸리고, 이후에는 로그인하면 바로 조회할 수 있다.)
3. 조회정보: 퇴직연금 가입정보
   가입금융기관, 가입일, 적립금, 상품유형, 상품명 등을 알 수 있다.

② 퇴직연금 미청구 적립금 청구하기

퇴직연금 가입사실 확인 후 신분증을 가지고 금융기관에 방문하여 퇴직급여를 청구한다.

▷ 금융기관이 회사의 폐업사실을 확인할 수 없을 때 퇴직급여 지급대상자(퇴직자)임을 확인할 수 있는 서류를 하나 준비해야 한다(① 고용보험 피보험자격 이력내역서 등, ② 체불임금 등 사업주 확인서, ③ 체불 퇴직급여 소송 관련 확

---

44 https://100lifeplan.fss.or.kr

정판결문 중 하나).

▷ 확정급여형(DB) 퇴직연금 가입 시 ① 퇴직소득 원천징수영수증, ② 체불임금

등 사업주 확인서, ③ 퇴직급여 소송 관련 확정판결문 등 객관적 서류를 제출

하면 보다 정확하게 퇴직급여를 산출할 수 있다.

③ 퇴직연금 수령금액은 얼마?

가입한 유형에 따라, 적립비율, 운용수익 등에 따라 달라진다.

21 퇴직연금 유형에 따른 퇴직급여 지급액 산정식

제도 유형	퇴직급여 지급액
확정급여형(DB)	(30일분 평균임금×근속연수)×적립비율*
확정기여형(DC)	확정기여형 퇴직연금제도 계정에 납입된 부담금±운용수익

*적립비율: 사용자가 납입한 적립금/전체 가입자에게 지급해야 할 퇴직급여 예상액

④ 퇴직연금 미청구 적립금 수령방법

확정된 퇴직급여는 IRP 계정으로 지급되므로, IRP 계정 개설 후 퇴직급여를 수령

할 수 있다. 다만, 55세 이후 퇴직하거나 퇴직급여액이 300만 원 이하인 경우 본

인 명의의 일반계좌로 퇴직연금을 받을 수 있다.

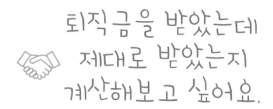
퇴직금을 받았는데
제대로 받았는지
계산해보고 싶어요.

Q. 회사에서 1년 3개월 일하고 퇴사했습니다. 회사에서 퇴직금이라며 통

장에 입금해줬는데 생각보다 너무 적어서 제가 다시 계산하고 싶습니

다. 퇴직금 계산방법을 알려주세요.

퇴직금은 한 회사에서 1년 이상, 1주에 15시간 계속 일한 직원이 퇴

사했을 때 발생한다. 퇴직금은 평균임금으로 계산하며,[45] 퇴직금의 계

산식은 다음과 같다.[46]

---

45 근로자퇴직급여 보장법 제8조(퇴직금제도의 설정 등)
    ① 퇴직금제도를 설정하려는 사용자는 계속근로기간 1년에 대하여 30일분 이상의 평균임금
    을 퇴직금으로 퇴지 근로지에게 지급할 수 있는 제도를 설정하여야 한다.
46 고용노동부 퇴직금 계산 https://www.moel.go.kr/retirementpayCal.do

$$\boxed{퇴직금 = 1일 평균임금 \times 30(일) \times (재직일수 / 365)}$$

① 평균임금으로 퇴직금 계산

▷ 입사일자 : 2019년 10월 2일 / 퇴사일자: 2021년 9월 16일[47]

▷ 근무시간 : 월~금 & 9~18시(휴게시간 12~13시) 하루 8시간 근무

▷ 재직일수 : 715일

▷ 월기본급 : 2,000,000원

▷ 월기타수당 : 360,000원

▷ 연간상여금 : 4,000,000원

▷ 연차수당 : 300,000원

A. 3개월간 임금총액:

   (월기본급 3개월분)6,000,000원 + (월기타수당 3개월분)1,080,000원

   = 7,080,000원

B. 상여금 가산액:

   4,000,000원 × (3개월 / 12개월) = 1,000,000원[48]

---

47 퇴직일자는 마지막 근무 다음 날을 말한다. 그래서 퇴직금 계산 시 퇴직일 이전 3개월간의 총일수를 구할 때는 마지막 근무일을 기준으로 계산해야 한다.
48 퇴직금을 계산할 때 1년 동안 받은 상여금, 연차수당은 그중 3개월분만 계산한다(퇴직금 계산의 기준이 되는 평균임금이 1년 중 3개월간 받은 임금이 얼마인지를 계산하기 때문).

C. 연차수당 가산액:

(60,000원 × 5일) × (3개월 / 12개월) = 75,000원

∴ 퇴직일 이전 3개월간의 총일수 : 92일

22 평균임금 산정을 위한 퇴직 전 총 3개월의 기간

기간	총일수
2021. 6. 16. ~ 2021. 7. 15.	30일
2021. 7. 16. ~ 2021. 8. 15.	31일
2021. 8. 16. ~ 2021. 9. 15.	31일

∴ 1일 평균임금

= 퇴직일 이전 3개월간에 지급받은 임금총액(A + B + C) / 퇴직일 이전 3개

월간의 총일수

= (7,080,000원 + 1,000,000원 + 75,000원) / 92일 = 88,641.31원

∴ 퇴직금

88,641.31원 × 30일 × (715일 / 365) = 5,209,194.79원

따라서 이 경우 퇴직금은 5,209,194.79원이 된다.

법에 퇴직금은 평균임금으로 계산한다고 나와 있어 퇴직금은 무조
건 평균임금으로 계산해왔었다. 하지만 근로기준법 제2조의 조항이 있
기에 우리는 통상임금으로도 퇴직금을 계산해보아야 한다.

그림5 퇴직금 계산방법(평균임금)

기간	기간별일수	기본급	기타수당
2021.6.16 ~ 2021.6.30	15 일	1,000,000 원	180,000 원
2021.7.1 ~ 2021.7.31	31 일	2,000,000 원	360,000 원
2021.8.1 ~ 2021.8.31	31 일	2,000,000 원	360,000 원
2021.9.1 ~ 2021.9.15	15 일	1,000,000 원	180,000 원
합계	92 일	6,000,000 원	1,080,000 원

※ 기간별 일수는 제외하여야 할 날이 있을 경우 수정 가능

연간상여금 총액 : 4,000,000 원

연차수당 : 300,000 원

1일 평균임금 : 88,641.31 원 [평균임금계산]

1일 통상임금 : 원

퇴직금 : 5,209,194.79 원 [퇴직금계산] [엑셀로 결과보기]

∴ 근로기준법 제2조(정의)
② 제1항 제6호(평균임금)에 따라 산출된 금액이 그 근로자의 통상임금보다 적
으면 그 통상임금액을 평균임금으로 한다.

계산한 평균임금이 직원의 통상임금보다 적으면 통상임금으로 퇴
직금을 계산해야 하기 때문이다. 평균임금은 근로자의 평소 생활임금
을 사실대로 계산하는 것을 기본원리로 하여(대법원 1999. 11. 12., 선고

23 평균임금을 기준으로 퇴직금 계산(고용노동부 퇴직금 계산기)

∴ 평균임금 퇴직금 계산 결과

입사일자 : 2019년 10월 2일		
퇴직일자 : 2021년 9월 16일		
재직일자 : 715일(윤달로 1년 366일로 계산)		

퇴직전 3개월간 임금총액

기간	기간별일수	기본급	기타수당
2021. 6. 16 ~ 2021. 6. 30	15일	1,000,000원	180,000원
2021. 7. 1 ~ 2021. 7. 31	31일	2,000,000원	360,000원
2021. 8. 1 ~ 2021. 8. 31	31일	2,000,000원	360,000원
2021. 9. 1 ~ 2021. 9. 15	15일	1,000,000원	180,000원
합계	92일	6,000,000원①	1,080,000원②

연간상여금 총액③	4,000,000원		
연차수당④	300,000원		
1일 평균임금	88,641.31원		
퇴직금	5,209,194.79원		

1일 평균임금 계산식

$$1일\ 평균임금 = \frac{퇴직일\ 이전\ 3개월간에\ 지급받은\ 임금총액}{퇴직일\ 이전\ 3개월간의\ 총\ 일수}$$

$$1일\ 평균임금\ 계산과정 = \frac{6,000,000^{①}+1,080,000^{②}+4,000,000^{③}(3/12)+300,000^{④}(3/12)}{92}$$

퇴직금 계산식

$$퇴직금 = 1일\ 평균임금 \times 30(일) \times (총\ 재직일수\ /\ 366)$$

$$퇴직금\ 계산과정 = 1일\ 평균임금\ 88,641.31원 \times 30일 \times (716일\ /\ 366일)$$

98다49357판결) 산정해야 할 사유가 발생한 날 이전 3개월 동안에 그 근로자에게 지급된 임금총액을 기간의 총 일수로 나누어 계산한다. 반면 통상임금은 직원이 회사에 입사할 때 사전에 정한 임금을 말하며, 월급을 월의 근로시간 수로 나눈 것에 1일 근로시간을 곱하여 계산한다.

> 1일 통상임금 = 월급여 / 209 × 8

② 통상임금으로 퇴직금 계산

▷ 입사일자 : 2019년 10월 2일 / 퇴사일자 : 2021년 9월 16일

▷ 근무시간 : 월~금 & 9 ~ 18시(휴게시간 12 ~ 13시) 하루 8시간 근무

▷ 재직일수 : 715일

▷ 월기본급 : 2,000,000원

▷ 월기타수당 : 360,000원

▷ 연간상여금 : 4,000,000원

▷ 연차수당 : 300,000원

매월 고정적으로 받는 월급 : 2,000,000원 + 360,000원 = 2,360,000원

한 달 근로시간(주휴시간 포함) : 209시간[49]

---

49 한 달 근로시간 : 1주 40시간 × 4.345주(한 달을 주로 나눈 수) = 약 174시간
    한 달 주휴수당 : 8시간 × 4.345주(한 달을 주로 나눈 수) = 약 35시간
    174시간 + 35시간 = 209시간

∴ 1일 통상임금

= (매월 고정적으로 받는 월급 / 한 달에 일하는 시간(주휴 포함)) × 8

= (2,360,000원 / 209시간) × 8시간

= 90,334.92원

∴ 퇴직금

▷ 90,334.92원 × 30일 × (715일 / 365) = 5,308,723.38원

따라서 이 경우 퇴직금은 5,308,723.38원이 된다.

그림6 퇴직금 계산방법(통상임금)

기간	기간별일수	기본급	기타수당
2021.6.16 ~ 2021.6.30	15 일	1,000,000 원	180,000 원
2021.7.1 ~ 2021.7.31	31 일	2,000,000 원	360,000 원
2021.8.1 ~ 2021.8.31	31 일	2,000,000 원	360,000 원
2021.9.1 ~ 2021.9.15	15 일	1,000,000 원	180,000 원
합계	92 일	6,000,000 원	1,080,000 원

※ 기간별 일수는 제외하여야 할 날이 있을 경우 수정 가능

연간상여금 총액 : 4,000,000 원

연차수당 : 300,000 원

1일 평균임금 : 88,641.31 원 **평균임금계산**

1일 통상임금 : 90,334,.92 원

퇴직금 : 5,308,723.38 원 **퇴직금계산** **엑셀로 결과보기**

24 통상임금을 기준으로 퇴직금 계산

∴ 통상임금 퇴직금 계산 결과		
입사일자 : 2019년 10월 2일		
퇴직일자 : 2021년 9월 16일		
재직일자 : 715일(윤달로 1년 366일로 계산)		

퇴직전 3개월간 임금총액			
기간	기간별일수	기본급	기타수당
2021. 6. 16 ~ 2021. 6. 30	15일	1,000,000원	180,000원
2021. 7. 1 ~ 2021. 7. 31	31일	2,000,000원	360,000원
2021. 8. 1 ~ 2021. 8. 31	31일	2,000,000원	360,000원
2021. 9. 1 ~ 2021. 9. 15	15일	1,000,000원	180,000원
합계	92일	6,000,000원①	1,080,000원②

연간상여금 총액③	4,000,000원	
연차수당④	300,000원	
1일 통상임금	90,334.92원	
퇴직금	5,308,723.38원	

1일 평균임금 계산식

$$1일 평균임금 = \frac{퇴직일 이전 3개월간에 지급받은 임금총액}{퇴직일 이전 3개월간의 총 일수}$$

$$1일 평균임금 계산과정 = \frac{6,000,000① + 1,080,000② + 4,000,000③(3/12) + 300,000④(3/12)}{92}$$

퇴직금 계산식

$$퇴직금 = 1일 통상임금 × 30(일) × (총 재직일수 / 366)$$

$$퇴직금 계산과정 = 1일 통상임금 90,334.92원 × 30일 × (716일 / 366일)$$

이 경우 통상임금이 평균임금보다 크기 때문에 회사는 통상임금으로 계산한 퇴직금을 직원에게 지급했어야 한다.

법상 퇴직금을 계산하는 임금은 평균임금이지만, 위의 사례처럼 평균임금보다 통상임금이 큰 경우가 있다. 하지만 여전히 많은 회사는 법만 생각하여 퇴직금은 무조건 평균임금으로만 계산하려 한다.

회사가 잘 모르면 우리가 바로잡으면 된다. 위의 식에 대입하여 나의 퇴직금을 평균임금과 통상임금 각각으로 계산해보면 된다. 그중에 더 많은 것을 기준으로 퇴직금을 달라고 요청하자.

회사에서 다음 주에
그만두라네요.
억울한데 구제받을 길은 없나요?
(노동청과 노동위원회의 차이점)

Q. 지금 회사에서 3년째 일하고 있습니다. 그런데 얼마 전 부장님의 지인이 회사에 들어와 저와 비슷한 일을 시작해서 상황이 애매했는데, 아니나 다를까 부장님이 저를 부르더니 이번 주까지만 일하고 그만두라고 하네요. 이유를 물어도 확실히 말해주지 않습니다.

갑작스러운 해고 통보는 누구에게나 당황스럽다. 회사 안에서 누구보다 성실하게 일했고 큰 실수 한번 한 적이 없었고, 아니, 오히려 일을 잘하고 있었는데 나가라니! 너무 억울하다. 이럴 때 회사에 무엇을 요구할 수 있는지 궁금하다.

① 해고예고수당 요구

"진짜 너무 억울하더라고요. 그래서 왜 그러냐고 했더니 부장님 지인이 들어와서 어쩔 수가 없대요. 그냥 제가 빽이 없는 탓이라고 생각하래요. 어이가 없더라고요. 일단 알겠다고 하고 나왔는데, 집에 와서 생각하면 생각할수록 화가 나서요. 제가 돈 안 받고 야근한 것만 얼만데……. 그리고 이렇게 당장 나가라면 어떻게 하나요? 최소한 다른 직장 구할 시간은 줘야 하는 거 아닌가요?"

이런 사건은 왕왕 일어난다. 그래서 근로기준법에서는 회사가 직원을 마구 해고할 수 없도록 '해고예고제도'라는 것을 만들었다.

∴ 근로기준법 제26조(해고의 예고)
사용자는 근로자를 해고(경영상 이유에 의한 해고를 포함한다)하려면 적어도 30일 전에 예고를 하여야 하고, 30일 전에 예고를 하지 아니하였을 때에는 30일분 이상의 통상임금을 지급하여야 한다. 다만, 다음 각 호의 어느 하나에 해당하는 경우에는 그러하지 아니하다.
1. 근로자가 계속 근로한 기간이 3개월 미만인 경우
2. 천재 · 사변, 그 밖의 부득이한 사유로 사업을 계속하는 것이 불가능한 경우
3. 근로자가 고의로 사업에 막대한 지장을 초래하거나 재산상 손해를 끼친 경우로서 고용노동부령으로 정하는 사유에 해당하는 경우

회사는 직원을 해고하려면 해고 30일 전에 이야기를 해줘야 한다. 직원과 트러블이 너무 심해서 도저히 30일을 참고 일하기 어렵다면 직원에게 30일분 이상의 통상임금을 해고예고수당으로 주면 바로 내보낼 수 있다. 회사의 갑작스러운 해고 통보로 직원이 생계에 위협을 받

지 않도록 30일의 시간을 주며 다른 직장을 찾아봐라, 혹은 30일분의 통상임금을 가지고 한 달을 살면서 다른 직장을 찾아보라는 뜻이다.

무슨 일이건 예외는 존재하는 법. 앞의 근로기준법 제26조와 같이 해고예고를 하지 않아도 되는 상황이 있다.

▷ 근로자가 계속 근로한 기간이 3개월 미만인 경우

▷ 천재·사변, 그 밖의 부득이한 사유로 사업을 계속하는 것이 불가능한 경우

▷ 근로자가 고의로 사업에 막대한 지장을 초래하거나 재산상 손해를 끼친 경우로서 고용노동부령으로 정하는 사유에 해당하는 경우(근로기준법 제26조 제1호 내지 제3호)

하지만 질문에서는 회사에서 일한 기간이 3년이 넘기 때문에 회사는 직원에게 무조건 해고예고를 해야 한다. 회사는 30일 전에 해고예고하지 않았으니 해고예고수당을 줘야 한다.

"제가 해고예고, 이걸 회사에 말했거든요. 그런데 회사에서는 사정 봐달라면서 줄 수 없대요. 저를 해고한 회사 사정을 왜 봐줍니까? 그리고 제 사정은 없나요? 다른 직장 찾을 때까지 시간이 얼마나 걸릴지 모르는데. 회사가 이런 식으로 나오면 어떻게 해야 하나요?"

<u>회사가 해고예고수당을 주지 않는다면 회사의 주소지를 담당하는 고용노동지청에 진정하면 된다.</u> 이건 회사가 해고한 직원에게 반드시 줘야 하는 돈이다.

② 부당해고 구제신청

큰 잘못을 저지른 것도 없고 오히려 열심히 일했는데 회사는 직원을 해고했다. 위의 에피소드처럼 정당한 이유 없이 해고, 휴직, 정직, 전직, 감봉, 그 밖의 징벌을 당하는 것을 '부당해고'라 말한다(근로기준법 제23조 제1항).

부당해고를 당한 직원은 해고당한 날로부터 3개월 이내에 지방노동위원회[50]에 구제신청을 할 수 있다. 기간은 반드시 3개월, 그 안에 구제신청을 해야 한다. 3개월이 지나면 아무리 억울하고 부당한 해고를 당했어도 권리 구제신청을 할 수 없다.

부당해고 구제신청을 할 때 직원은 세 가지 선택을 할 수 있다.

① 화해 : 지방노동위원회로부터 회사가 직원에게 한 해고가 부당하다는 것을 판결받기 전에 회사와 직원이 일정의 화해금(합의금)을 받고 화해하는 것

② 원직복직 및 임금상당액 지급 : 지방노동위원회로부터 해당 사건을 심판받아 회사가 직원에게 한 해고가 부당하다는 것을 인정받은 후 원래

---

50 노동위원회는 노·사·공익 3자로 구성된 준사법적 성격을 지닌 합의제 행정기관으로서 노동관계에서 발생하는 노사 간의 이익 및 권리분쟁을 신속하고 공정하게 조정·판정하는 곳이다. 각 지역별로 서울, 경기, 인천, 충북, 충남, 경남, 경북, 부산, 전남, 전북, 강원, 울산, 제주에 노동위원회가 있다. 지방노동위원회에서의 사건에 불복하면 중앙노동위원회에 다시 사건의 재심을 신청할 수 있다.

일하던 곳으로 다시 돌아가고, 해고당하지 않고 일했더라면 받을 수 있던 임금을 받는 것

③ 금전보상제: 지방노동위원회로부터 해당 사건을 심판받아 회사가 직원에게 한 해고가 부당하다는 것을 인정받았지만 해고당한 직원이 다시 회사로 돌아가길 원하지 않은 경우 직원이 해고기간 동안 일했더라면 지급받을 수 있었던 임금과 그 이상을 받는 것[51]

①은 그전에 합의로 끝내기 때문에 해고가 부당해고인지 여부를 가리지 않지만 ②, ③은 부당해고로 인정받았을 때 가능한 선택이다.

그림7 부당해고 구제신청 절차

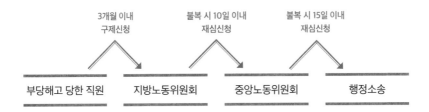

만약 회사의 해고가 정당한 것으로 인정받았지만 직원은 이를 인정

---

51 금전보상제의 경우 원직보직 대신 직원이 해고기간 동안 일했더라면 지급받을 수 있었던 임금상당액 이상의 금품을 지급하는 것이라 되어 있으나, 실사례에서는 임금상당액 이상이 아닌 일을 못했던 부분에 대한 임금의 지급이 이루어지는 것을 많이 볼 수 있다.

하지 못할 수 있다. 지방노동위원회의 판정에 불복한다면 지방노동위원회의 판정서를 받은 날로부터 10일 이내에 중앙노동위원회에 재심을 신청할 수 있다.

그림8 부당해고 구제신청 상세절차

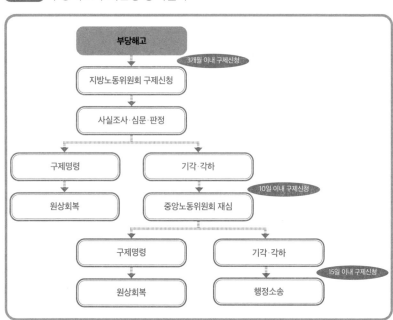

∴ 국선노무사제도

월 평균임금 250만 원 미만인 직원은 부당해고 구제신청 시 국선노무사의 도움을 받을 수 있다. 지방노동위원회에 부당해고 구제신청 시 '대리인 선임신청서'를 함께 내면 노동위원회에서 국선노무사를 매칭해준다.

∴ 노동청과 노동위원회의 차이점

노동청과 노동위원회 모두 정부기관으로, 고용노동부 밑에 있는 기관

▷ 노동청: 임금(월급), 퇴직금, 주휴수당, 시간외근로수당, 해고예고수당 등 신고

▷ 노동위원회: 부당해고, 휴직, 정직, 전직, 감봉, 그 밖의 징벌(징계)에 대한 구제

　신청

25 노동청과 노동위원회의 비교

	노동청	노동위원회
성격	고용노동부장관 소속 직속기관	고용노동부 장관에게서 독립성을 가진 행정기관(노·사·공익 3자로 구성된 준사법적 성격을 지닌 합의제 행정기관)
구성	전국 주요 행정구역에 지방고용노동청, 해당 노동청 산하 지방관서(지청 또는 고용센터)	중앙노동위원회, 지방노동위원회, 특별노동위원회로 구성
업무	노동관계법 위반에 따른 진정·고소 사건 수사, 사업장 지도·점검 등 근로감독 업무 ▶임금체불 등 신고	노동관계 분쟁에 대한 판정, 결정, 의결, 조정, 승인 업무 ▶부당해고 등 구제신청

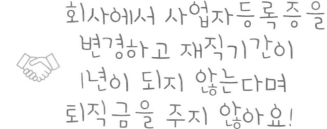

회사에서 사업자등록증을
변경하고 재직기간이
1년이 되지 않는다며
퇴직금을 주지 않아요!

Q. 개인 사업장에서 근무하는데, 대표가 회사를 법인으로 바꾼다고 했습니다. 그래서 기존 사업자는 폐업하고, 법인으로 새롭게 사업자등록증을 발급받은 후에 일하고 있었어요. 개인 사업자일 때나, 법인 회사일 때나 사장님과 일하는 장소, 업무 모두 같습니다. 개인 사업자일 때는 10개월 일했고, 법인 사업자로는 7개월 일하고 개인적인 사정으로 퇴사하려는데 퇴직금을 받을 수 있나요?

개인 사업자였다가 법인 사업자로 사업자등록을 변경하는 회사들이 많다. 혹은 회사 사장님의 개인적인 사정으로 개인 사업자를 폐업하고 가족 명의로 다시 사업자등록증을 내는 경우도 있다. 대체로 회사 사장님을 만나보면 회사명이 바뀌니 직원과의 근로관계도 끝나고 다시 시작했다고 생각하는 경우가 많다. 직원도 그렇다.

질문자의 경우 기존 사업장에서 10개월, 변경된 사업장에서 7개월 일했다고 했다. 퇴직금을 받기 위해서는 한 회사에서 1년 이상 일해야 하는데, 각각 1년을 넘게 일하지 못했으니 퇴사할 때 퇴직금을 받지 못한다고 생각할 수 있다.

하지만 노동관계법령에서는 겉모습은 중요하지 않다고 생각한다. 실제 사장님과 직원의 관계가 어떠했는지, 어떤 식으로 일했는지에 대한 사실을 본다. 회사명이 바뀌고, 개인 사업자가 법인 사업자가 되었더라도 실제 같은 사장 밑에서 같은 장소에서 같은 일을 한다면 회사와 직원의 근로관계는 이어진다고 본다.

즉 기존 사업장에서 10개월, 변경된 사업장에서 7개월 일하고 그만둔 경우 중간에 회사가 개인 사업자에서 법인 사업자로 바뀌었어도 계속 일한 것으로 보기 때문에 총 17개월 일한 것이다. 한 사업장에서 1년, 즉 12개월을 넘게 일했으니 퇴직금을 받을 수 있는 자격이 있다(물론 1주 15시간, 혹은 1달 60시간 이상 일했어야 한다).

사직서는
반드시 30일 전에
내야 하나요?

Q. 갑작스러운 이직 제안이 들어왔습니다. 정말 가고 싶었던 자리라 놓치고 싶지 않습니다. 그런데 이직할 회사에서 다음 주부터 출근했으면 하는데, 지금 다니는 회사와 썼던 근로계약서에 그만두기 30일 전에 사직서를 제출해야 한다고 적혀 있어요. 사직서는 반드시 근로계약서에 있는 대로 내야 하나요?

입사하면서 직원은 회사와 근로계약서를 쓴다. 이는 회사와 직원이 서로를 원했다는 의미가 된다. 하지만 계약의 양 당사자 중 한 명이 더 이상 관계를 원하지 않으면 계약은 끝나게 된다. 회사가 직원과의 근로계약을 끝내고 싶다면 '해고'가 되고, 직원이 회사와 근로계약을 끊고 싶다면 '자진퇴사', '사직'이 된다. 회사와 직원은 동등한 입장에서 근로계약을 맺지만, 직원보호를 위해 근로기준법에서는 해고예고라는 제도를 만들어놓았다.

그렇다면 직원이 회사와 근로계약을 끝내고 싶을 때는 어떻게 할까? 대개 많은 근로계약서에는 '직원이 퇴사하는 경우 30일 전에 회사에 통보하고 인수인계를 해야 한다.'라고 적혀 있다. 그래서 이 조항으로 고민하는 사람이 많다. 위의 에피소드와 같이 급히 회사를 그만둬야 하는 사정이 생긴다면 더욱 그럴 것이다.

'직원이 퇴사하는 경우 30일 전에 회사에 통보하고 인수인계를 해야 한다.'라는 것은 근로기준법에 없는 내용이다. 직원은 특별한 사유가 없는 한 회사를 원할 때 그만둘 수 있다. 직원은 원치 않는 곳에서 일하지 않을 권리를 가지고 있기 때문이다.

> ∴ 근로기준법 제7조(강제 근로의 금지)
> 사용자는 폭행, 협박, 감금, 그 밖에 정신상 또는 신체상의 자유를 부당하게 구속하는 수단으로써 근로자의 자유의사에 어긋나는 근로를 강요하지 못한다.

그렇다고 막무가내로 그만두면 안 된다. 직원이 근로계약서 내의 규정을 지키지 않고 마음대로 회사를 그만두어 막대한 손해를 입혔다면 회사는 퇴사한 직원에게 손해배상 청구소송을 할 수 있기 때문이다. 물론 회사는 직원퇴사로 손해 입었다는 것을 증명해야 하므로 실제 소송은 쉽지 않다. 하지만 근래 직원의 무단퇴사로 손해배상을 청구하는 회사의 비율이 늘어나고 있다. 끝이 좋으면 과정이 어찌 되었든 다 좋다고 말하듯이 회사와의 끝마무리를 잘 맺기 위해서 최대한 계약서의 내용을 지키는 것이 좋다.

에피소드의 경우처럼 같은 업계로 가는 경우가 많다. 그럼 특히나 그만둘 때 나쁜 인상을 주면 안 될 것이다. 비슷한 업계에서 일하면 언젠가는 만나게 된다. 그렇지만 정말 급한 경우에는 근로계약서에 쓰인 기간을 지키지 못할 수도 있다. 그럴 때는 회사에 솔직하게 말하고 좋은 안녕이 될 수 있도록 노력하자!

사직서 낸 것을 취소할 수 있을까요?

Q. 평소 감정이 좋지 않던 상사와 업무적으로 부딪치게 되었습니다. 일로만 말하면 되는데 제 개인사를 건드려서 너무 화가 나 그 자리에서 사직서를 제출했습니다. 집에 와서 화를 가라앉히고 생각하니 섣불리 사직서를 낸 것 같은데 취소할 수 있을까요?

직장에 다니는 내 가슴속에 사직서 한 장쯤은 모두 들어 있을 것이다. 회사에서 일하면서 사직서 한번 써보지 않은 직원이 있겠는가? 그러나 실제로 사직서를 내기까지는 많은 용기가 필요하다. 회사에 사직서를 낸다는 것은 내가 회사와 인연을 이어갈 생각이 더 이상 없다는 것을 표시하는 것과 마찬가지이기 때문이다. 홧김이든, 백번 천번 고민

끝에 내린 결정이든, 어떤 이유에서든 회사에 제출한 사직서를 취소할 수 있을까?

26 근로계약 해지 통보와 합의 해지의 취소가능 여부

항목	내용
근로계약 해지 통보	취소 불가
근로계약의 합의 해지 : 직원이 낸 사직서의 처리절차가 남은 경우	취소 가능

회사가 직원의 사직서를 결재하지 않았어도 직원이 회사를 그만두 겠다는 의사가 회사에 전달되었다면 회사의 동의 없이 사직서를 취소 할 수는 없다. 이것을 취소하려면 회사의 동의가 필요하다. 회사가 동의 하지 않으면 사직서에 쓴 퇴사일에 직원은 회사를 그만둬야만 한다. 나 가기 싫어도 나가야 한다.

명예퇴직을 신청하거나 사직서를 처리할 때 거치는 절차가 아직 두 세 단계 남은 경우에는 취소할 수 있다. 직원이 회사에 사직서를 낸 것 은 근로계약을 해지해달라고 회사에 요청한 것이고, 회사가 이것을 받 아들여야 사직이 성립하기 때문이다.

직원이 사직서를 제출하며 근로계약을 해지하겠다고 했지만, 그 사 직서를 받은 상사가 아직 회사에 사직서를 전달하지 않은 상태라면 어 떨까? 사직서를 낸 직원이 다음 날 출근하자마자 사직하지 않겠다고

마음을 바꾸면 사직서를 취소할 수 있다. 회사가 뒤늦게 직원이 사직서를 제출했다는 소식만 듣고(취소하겠다는 의견은 듣지 않고) 직원을 내보내면 이것은 법적으로 해고에 해당한다.[52]

따라서 질문의 경우 사직서를 낸 다음 날 아침 회사에 가서 ①사직서가 어디까지 전달이 되었는지 살펴보고, ②사직서를 제출받은 상사가 아직 위로 사직서를 전달하지 않았다면, ③어제 사직서를 낸 것은 충동적인 행동이었으며 사직서 낸 것을 없던 일로 하면 회사에 더 열심히 다니겠다고 해보자. 그럼 사직서를 낸 것이 없던 일이 될 수도 있다.

---

52 "사직의 의사표시가 유효하게 철회된 상태에서 사직서를 수리한 것은 해고에 해당한다"는 노동위원회 재결례가 있다. (중노위 2016. 8. 29. 선고, 중앙2016부해637)

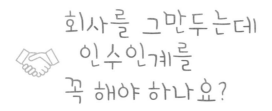

회사를 그만두는데 인수인계를 꼭 해야 하나요?

Q. 두 달 전 회사에 사직서를 냈습니다. 사직서를 미리 제출한 것은 후임자를 구하는 것이 까다롭기 때문이었습니다. 역시나 후임자 구하긴 힘들었고 그만두기 이틀 전에 겨우 직원을 채용했습니다. 회사에서는 무조건 인수인계를 하라면서, 그만두고 나서 2주는 꼭 나와서 인수인계하라고 합니다. 전 이틀 후에는 회사를 그만두고 상관없는 사람이 되는데, 꼭 인수인계를 해야 하나요?

위 에피소드의 직원은 참 책임감이 강한 것 같다. 그리고 회사와의 아름다운 마무리도 생각하는 것 같다. 본인의 자리에 적임자를 찾는 것이 어렵다는 것을 알고 대개 한 달 전에 제출하는 사직서를 두 달 전에

냈으니 말이다. 그런데 후임자가 퇴사 이틀 전에 채용된 것을 보니 정말 그 자리가 까다롭기는 한가 보다.

전반적인 상황을 보면 직원의 잘못은 없다. 자리에 맞는 후임자를 구하는 것은 회사의 몫이다. 이틀 뒤면 퇴직하는 직원에게 무조건 인수인계를 해야 한다고 떼를 쓰는 회사라니, 참 난감하다.

근로기준법이나 다른 노동관계법령에 인수인계에 대한 규정은 없다. 회사의 취업규칙(사규) 등에 인수인계에 관한 규정이 있다면 그것을, 혹은 규정이 없다면 회사의 관례에 따르면 된다.

그런데 현재 상황을 보면 회사는 인수인계에 대한 규정이나 관례를 가지고 있지 않은 것 같다. 또한 그런 규정이나 관례가 있더라도 회사는 퇴사하는 직원에게 2주의 인수인계를 강요할 수 없다. 2주의 인수인계 기간 시급 등을 측정해서 지급해준다면 이야기가 다르겠지만 말이다. 퇴사하는 직원은 회사가 나중에 인수인계를 제대로 해주지 않았다며 <u>손해배상청구를 할 수 있음을 고려하여 인수인계 서류를 꼼꼼히 작성해놓고 깔끔한 마음으로 퇴사하자!</u>

∴ 업무인수인계서 작성
▷ 담당업무(직무의 개요 및 업무수행절차가 기록된 별도 직무기술서)
▷ 주요 업무계획, 현재 진행 및 미결 사항(기본 업무일정, 필요서류 별도

첨부)

▷ 향후 추진계획

▷ 현안사항 및 문제점

▷ 사외 관계회사(관계회사명, 담당자, 연락처, 관련업무 등 정리)

▷ 서류사항(주요 전달서류, 진행서류, 도래서류, 거래처사항)

▷ 주요 물품 및 예산 등

▷ 그 밖의 참고사항 등

경쟁회사로의 이직이 제한되나요?

Q. 지금 다니는 회사를 10년 가까이 다녔습니다. 이제 다른 회사에서 새로운 경험을 해보고 싶어서 이직하려고 하는데, 회사에서는 같은 계열의 회사로 이직할 수 없다고 말합니다. 계속 하던 일이 이것인데 같은 계열의 회사로 갈 수 없다니, 청천벽력이 따로 없습니다. 정말 저는 경쟁회사나 같은 계열로 이직할 수 없나요?

회사에서는 직원과 근로계약할 때나 직원이 회사를 나갈 때 영업비밀보호 또는 경업금지의무(직원이 회사와 경쟁관계에 있는 업체에 취업하거나 스스로 경쟁업체를 설립·운영하는 등의 경쟁행위를 하지 아니할 것을 내용으로 하는 의무)를 부과하는 약정서 혹은 서약서를 받을 수 있다.

회사는 직원이 회사를 퇴사한 후 경쟁회사로 바로 입사하거나 직원이 창업했을 때 회사가 받을 타격을 예상할 수 있기 때문에 회사를 보호하기 위해서 그러한 약정서를 받으려고 하는 것이다. 하지만 직원의 입장에서는 원래 하던 업무에 대한 능력을 인정받아 현재 회사보다 더 좋은 대우를 받으며 다른 회사로 스카우트되어 가거나, 본인의 꿈을 펼칠 수 있는 회사를 만들려고 했는데 그런 꿈이 무산되게 된다.

경쟁회사로의 이직 금지에 대한 서약서는 직원의 헌법상 직업선택의 자유와 근로권을 침해할 우려가 있고, 기업 간 경쟁의 자유를 해칠 수 있어, 회사와 작성한 서약서의 효력은 인정되지 않을 수 있다.

① 약정서라는 문서가 있어야 한다

경쟁회사로의 이직을 금지한다거나, 회사와 동종업종으로 창업을 금지한다는 명확한 문구가 들어간 약정서가 있어야 한다. 취업규칙 등에 '퇴직 후 회사와의 신뢰관계를 훼손하는 행위를 해서는 아니 된다.'와 같은 내용만이 있으면 안 된다.

② 직원의 직업선택의 자유와 회사의 영업이익보호를 비교

대법원에서는 회사와 직원 간의 경업금지약정은 유효하지만, 그와 같은 약정이 헌법상 보장된 근로자의 직업선택의 자유와 근로권 등을 과도하게 제한하거나 자유로운 경쟁을 지나치게 제한하는 예외적인 때에만 민법 제103조에 정한 '선량한 풍속 기타 사회질서에 위반한 사항을 내용으로 하는 법률행위'로서 무효라고 보았다(대법원 1997. 6. 13., 선고 97다8229 판결, 대법원 2010. 3. 11., 선고 2009다82244 판결).

따라서 해당 서약서의 유효함을 판단할 때는 ①보호할 가치 있는 사용자의 이익, ②근로자의 퇴직 전 지위, ③경업제한의 기간·지역 및 대상직종, ④근로자에 대한 대가의 제공 여부, ⑤근로자의 퇴직경위, ⑥공공의 이익 등을 종합적으로 검토해야 한다(위 2009다82244 판결).

③ 보호할 가치가 있는 사용자의 이익

①공공연히 알려져 있지 않고, ②독립된 경제적 가치를 지니는 것으로서, ③비밀로 관리된 생산방법, 판매방법, 그 밖에 영업활동에 유용한 기술상 또는 경영상의 정보를 회사가 보호받아야 하는 영업비밀로 인정한다.

대법원은 '보호할 가치 있는 사용자의 이익'에 대해 「부정경쟁방지 및 영업비밀보호에 관한 법률」상의 '영업비밀'뿐만 아니라 그 정도에 이르지 않더라도 당해 사용자만이 가지고 있는 지식 또는 정보로서 근로자와 이를 제삼자에게 누설하지 않기로 약정한 것이거나 고객관계나 영업상 신용유지도 이에 해당한다고 보았다(위 2009다82244 판결).

④ 경업금지의 기간, 지역 및 대상직종, 근로자의 퇴직경위

대법원에서는 퇴직한 근로자에 대해 전직금지 의무를 부과하는 것은 종전에 근무하던 직장의 영업비밀을 보호하기 위한 것이므로 특별한 사정이 없으면 영업비밀의 존속기간을 넘는 기간까지 전직을 금지할 수는 없다고 하였다(대법원 2003. 7. 16., 자 2002마4380 결정). 대개는 1년 내외의 기간을 경업금지의 기간으로 인정하고 있다.

지역 및 대상직종의 제한을 두지 않는다면 약정서의 효력은 없다고 보지만, IT 기술 등 고급기술에 속하는 경우 등과 같이 지역 제한이 무의미한 경우에는 약정서의 효력이 있는 것으로 본다. 또한 퇴직한 근로자가 회사로부터 별다른 이유 없이 해고를 당했거나, 부득이한 경우로 퇴직할 수밖에 없었다면 경업금지약정의 효력은 없어진다.

그렇다면 약정서를 쓴 직원이 회사와의 약속을 어기고 경쟁업체에 취직하거나, 동종업종으로 창업을 한다면 어떻게 될까? 퇴직한 직원이 경쟁업체에 취업하는 경우에는 회사에 대한 채무불이행으로 손해배상 책임을 부담하게 된다. 또한 약정서에 손해배상액을 정해두었다면 직원은 회사에 그 금액을 지급해야 한다. 다만 그 금액이 너무 과하게 많다면 법원의 판결로 금액을 조정할 수 있다(민법 제398조 제2항, 대법원 2009. 2. 26., 선고 2007다19051 판결).

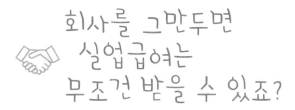

회사를 그만두면
실업급여는
무조건 받을 수 있죠?

Q. 현재 직장에서 11개월 정도 일했습니다. 적응하려고 애써봤지만 쉽지

않고 결국 그만두겠다고 말했습니다. 실업급여를 받으면서 다른 회사

를 찾아보려고 하는데, 실업급여 받을 수 있나요?

"아, 회사 다니는 게 너무 힘들어. 그냥 그만두고 실업급여 받으면서 다른 일

을 좀 알아봐야겠어."

회사를 그만두면 무조건 실업급여를 받을 수 있다고 생각하는 사람

이 많다. 실업급여는 회사를 그만둔 것에 대한 위로금이나 고용보험료

를 낸 것에 대한 대가로 지급되는 것이 아니다. 실업급여, 즉 <u>구직급여</u>

<u>는 회사를 계속 다니고 싶지만 외부적인 사정(해고, 권고사직, 계약기간</u>

만료)으로 일할 수 없는 사람이 재취업을 위해서 적극적으로 노력할 때 지급되는 것이다.

실업급여를 받기 위해서는 총 네 가지의 요건을 갖추어야 한다.

① 이직일 이전 18개월간(초단시간 근로자[53]의 경우 24개월) 고용보험에 가입된 기간이 180일 이상일 것

② 근로의 의사와 능력이 있음에도 불구하고 취업(영리를 목적으로 사업을 영위하는 경우 포함)하지 못한 상태에 있을 것

③ 재취업을 위한 노력을 적극적으로 할 것

④ 이직사유가 비자발적인 사유일 것(해고, 권고사직, 계약기간 만료 등)

질문자는 회사에 잘 적응하지 못해서 스스로 그만둔 것이기 때문에 실업급여를 받을 수 없다.

"뭘 모르셔서 하시는 말씀이신 것 같은데요, 회사에 실업급여 받을 수 있게 해달라면 다 해줘요."

물론 예전에는 회사를 그만두면서 실업급여를 받을 수 있게 해달라고 하며 실업급여를 거짓으로 받는 경우가 많았다. 하지만 이제 이런

---

53 초단시간 근로자: 1주 15시간 미만 일하는 사람 혹은 한 달 60시간 미만 일하는 사람

일은 도모하면 안 된다. 고용보험법 제116조[54]에 의하여 처벌받는다. 회사와 공모하여 거짓이나 부정한 방법으로 실업급여를 받으면 실업급여를 받은 사람과 회사 모두 5년 이하의 징역 또는 5천만 원 이하의 벌금에 처해지기 때문이다.

---

[54] 고용보험법 제116조(벌칙)
①사업주와 공모하여 거짓이나 그 밖의 부정한 방법으로 다음 각 호에 따른 지원금 또는 급여를 받은 자와 공모한 사업주는 각각 5년 이하의 징역 또는 5천만 원 이하의 벌금에 처한다.
2. 제4장에 따른 실업급여

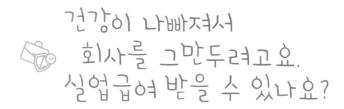

건강이 나빠져서
회사를 그만두려고요.
실업급여 받을 수 있나요?

Q. 근래 갑자기 너무 피곤해서 병원에 갔는데 갑상선기능저하증을 진단
받았습니다. 그래서 회사에 휴직을 신청했는데 사정상 휴직이 어렵다
고 퇴사를 하라네요. 실업급여를 받을 수 있을까요?

몸이 좋지 않아 회사에 다닐 수 없으면 직원은 두 가지 선택을 할 수
있다. 첫 번째, 회사의 허락을 얻어 휴직하거나, 두 번째, 회사를 그만두
고 쉬거나. 두 가지 중 더 좋은 방법은 아마도 첫 번째, 회사의 허락을
얻어 휴직하는 것이 아니겠는가? 몸이 회복되면 돌아갈 곳도 있고, 하
던 업무를 계속할 수 있고, 새로운 직장을 구할 걱정을 하지 않아도 되
니 말이다.

"요즘 제가 너무 피곤해서 병원에 검진하러 갔더니 갑상선기능저하증이라고 합니다. 병원에서 1년 정도 쉬면서 관리하라고 하네요. 어려운 상황이라는 것을 알지만 1년 정도 무급휴직을 할 수 있을까요?"

회사는 직원이 아프다니 걱정된다. 회사의 여건이 되면 휴직을 허락하고 싶지만 회사 전체도 생각해야 한다. 아픈 직원이 잠시 회사를 떠났을 때 직원의 공백으로 업무가 제대로 진행되지 않으면 어떻게 해야 할지, 남아 있는 직원에게 부담되지 않는지, 여러 경우의 수를 고민해야 한다. 회사는 1년의 휴직을 주기는 어려울 것 같다는 결론을 내린다.

"사정이 딱한 것은 알겠지만 회사의 사정도 좀 봐주세요. 1년간 쉬면 회사업무에도 문제가 생기고 지금 당장 1년 일할 직원을 구해야 하는데 그것도 쉽지 않습니다. 휴직은 좀 어렵겠어요."

휴직이 어렵다는 것은 알았지만 회사의 결정이 실망스럽다. 하지만 직원은 건강을 되찾는 것이 우선이다. 쉬면서 병을 치료하면 되지만, 병이 다 나은 다음 일을 구할 때까지 생계가 걱정된다.

개인적인 질병이 이유이지만 어찌 되었든 직원이 자발적으로 회사를 그만두는 것은 사실이다. 직원이 스스로 일을 그만두었다면 실업급여의 대상이 되지 못한다. 하지만 이 경우처럼 질병으로 인하여 일하는 것이 힘들어 회사에 쉬운 업무로의 변경이나 휴직을 요청했지만, 이것이 허용되지 않아 회사를 그만둔 것이라는 데 의사의 소견서, 사업주의

<u>의견이 객관적으로 인정된다면 해당 직원은 실업급여를 받을 수 있다.</u>

직원이 스스로 회사를 그만두었더라도 실업급여를 받을 수 있는 예외적인 경우가 있다(고용보험법 시행규칙 별표 2).

---

1. 회사에서 다음에 해당하는 사유가 퇴직일 전 1년 이내에 2개월 이상 발생한 경우
1) 실제 근로조건이 채용 시 제시된 근로조건이나 채용 후 일반적으로 적용받던 근로조건보다 낮아지게 된 경우
2) 임금체불이 있는 경우
3) 소정근로에 대하여 지급받은 임금이 「최저임금법」에 따른 최저임금에 미달하게 된 경우
4) 「근로기준법」 제53조에 따른 연장근로의 제한을 위반한 경우(1주 12시간의 연장근로 제한)
5) 사업장의 휴업으로 휴업 전 평균임금의 70퍼센트 미만을 지급받은 경우
2. 회사에서 종교, 성별, 신체장애, 노조활동 등 이유로 불합리한 차별대우를 받은 경우
3. 회사에서 본인의 의사에 반하여 성희롱, 성폭력, 그 밖의 성적인 괴롭힘을 당한 경우
3의 2. 회사에서 직장 내 괴롭힘을 당한 경우
4. 회사의 도산·폐업이 확실하거나 대량의 감원이 예정되어 있는 경우
5. 다음의 어느 하나에 해당하는 사정으로 회사로부터 퇴직을 권고받거나, 인원감축이 불가피하여 고용조정계획에 따라 실시하는 퇴직 희망자의 모집으로 이직하는 경우
1) 사업의 양도·인수·합병
2) 일부 사업의 폐지나 업종전환
3) 직제개편에 따른 조직의 폐지·축소
4) 신기술의 도입, 기술혁신 등에 따른 작업형태의 변경
5) 경영의 악화, 인사 적체, 그 밖에 이에 준하는 사유가 발생한 경우
6. 다음 어느 하나에 해당하는 사유로 통근이 곤란(통근 시 이용할 수 있는 통상의 교통수단으로는 회사로의 왕복에 드는 시간이 3시간 이상인 경우를 말한다)하게 된 경우
1) 사업장의 이전

---

2) 지역을 달리하는 사업장으로의 전근

3) 배우자나 부양하여야 할 친족과의 동거를 위한 거소 이전

4) 그 밖에 피할 수 없는 사유로 통근이 곤란한 경우

7. 부모나 동거 친족의 질병·부상 등으로 30일 이상 본인이 간호해야 하는 기간에 회사의 사정상 휴가나 휴직이 허용되지 않아 이직할 경우

8. '중대재해'가 발생한 회사로서 그 재해와 관련된 고용노동부 장관의 안전보건상의 시정명령을 받고도 시정기간까지 시정하지 아니하여 같은 재해 위험에 노출된 경우

9. 체력의 부족, 심신장애, 질병, 부상, 시력·청력·촉각의 감퇴 등으로 피보험자에게 주어진 업무를 수행하게 하는 것이 곤란하고, 회사의 사정상 업무종류의 전환이나 휴직이 허용되지 않아 이직한 것이 의사의 소견서, 사장님 의견 등에 근거하여 객관적으로 인정되는 경우

10. 임신, 출산, 만 8세 이하 또는 초등학교 2학년 이하의 자녀의 육아, 「병역법」에 따른 의무복무 등으로 업무를 계속적으로 수행하기 어려운 경우로서 회사가 휴가나 휴직을 허용하지 않아 이직한 경우

11. 회사의 사업 내용이 법령의 제정·개정으로 위법하게 되거나 취업 당시와는 달리 법령에서 금지하는 재화 또는 용역을 제조하거나 판매하게 된 경우

12. 정년의 도래나 계약기간의 만료로 회사를 계속 다닐 수 없게 된 경우

13. 그 밖에 피보험자와 사업장 등의 사정에 비추어 그러한 여건에서는 통상의 다른 근로자도 이직했을 것이라는 사실이 객관적으로 인정되는 경우

출처 : 고용보험법 시행규칙 별표 2

다만, 회사를 그만둔 다음 바로 실업급여를 받을 수 있는 것은 아니다. 실업급여는 적극적인 구직활동이 필요하기 때문에 병이 치료되고 구직활동을 할 수 있을 때 실업급여 수급자격을 인정받을 수 있다.

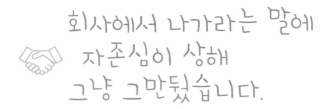

회사에서 나가라는 말에
자존심이 상해
그냥 그만뒀습니다.

Q. 상사가 저를 회의실로 부르더니 한 달의 기한을 줄 테니 나가라고 합니다. 너무 자존심이 상해서 어차피 나가야 한다면 이번 주까지만 하고 그만두겠다고 했습니다. 이런 경우 회사가 저를 해고한 것이니 저는 실업급여 받을 수 있죠?

"저, 김직원 씨. 회사 사정이 안 좋아져서 직원을 내보내야 해요. 윗선에서 김직원 씨가 나가는 것으로 결정되었어요. 한 달 말미를 줄게요. 정말 미안합니다."

회사에서 갑작스레 받은 해고 통보. 정말 자존심이 상한다. 내가? 하필 내가 왜 나가야 하나?

"네? 제가요? 왜 제가 나가죠? 우리 회사에 놀면서 일 안 하는 사람도 많은데 왜 하필 저인가요? 빼질거리고 일 떠넘기는 윤 대리도 아니고 왜 제가 나가야 하나요? 와~ 한 달 필요 없습니다. 이번 주 금요일까지 하고 나갈게요."

김직원 씨는 생각한다. 회사가 준 한 달의 기간을 기다리지 못하겠다고. 그렇지만 어찌 되었든 상황 전후를 따져보면 회사가 먼저 나를 해고했다. 실업급여는 직원은 계속 회사에 다니고 싶은데 해고, 권고사직 등으로 인해 더 이상 회사를 다니지 못할 때 받을 수 있으니, 실업급여를 받으며 다른 회사를 찾아봐야겠다.

김직원 씨는 실업급여를 받을 수 있을까? 회사는 김직원 씨에게 한 달의 시간을 주었다. 하지만 그 시간을 기다리지 않고 해고 통보를 받은 주 금요일까지만 일하겠다고 말한 것은 김직원 씨다. <u>고용보험에서는 회사가 말한 기간보다 먼저 그만둔 것은 해고로 보지 않는다.</u> 직원 먼저 스스로 회사를 그만둔 것으로 본다. 따라서 김직원 씨는 실업급여를 받을 수 없다. 실업급여를 받고 싶다면 회사가 정한 기간까지는 출근하고, 그 후에 회사를 나와야 한다.

∴ 실업급여에 대해 궁금한 것! Q&A[55]

질문 1) 내 잘못으로 해고된 경우에도 실업급여 받을 수 있나?

---

55   고용보험 홈페이지 고용보험제도 > 실업급여 안내 > 지급대상
(https://www.ei.go.kr/ei/eih/eg/pb/pbPersonBnef/retrievePb0202Info.do)

답변 1) 본인의 중대한 귀책사유로 해고된 경우(징계해고)에는 실업급여를 받을 수 없다.

▷ 형법 또는 법률위반으로 금고 이상의 형을 선고받고 해고된 경우

▷ 공금횡령, 회사기밀누설, 기물파괴 등으로 회사에 막대한 재산상의 손해를 끼쳐 해고된 경우

▷ 정당한 사유 없이 장기간 무단결근하여 해고된 경우

질문 2) 회사에서 4대 보험(고용보험)에 가입하지 않았다는 것을 알게 되었다. 실업급여를 받을 수 있나?

답변 2) 1명 이상 직원(한 달 60시간 이상 일하는 직원)을 고용한 회사는 무조건 고용보험에 가입해야 한다. 고용보험이 당연(의무) 적용되는 회사임에도 회사가 고용보험에 가입하지 않았을 경우에는 직원은 본인 주소지를 관할하는 고용센터에 '고용보험 피보험자격 확인청구'를 할 수 있다. 이것이 인정되면 3년 이내의 근무기간에 대해서는 고용보험 피보험자격을 취득할 수 있다.

회사가 폐업한 경우에도 직원이 해당 회사에서 일했다는 것을 증명할 수 있는 자료가 있다면, 센터에서 사실관계를 조사하고 근무이력이 인정되는 경우 고용보험에 가입하여 구직급여를 받을 수 있다.

질문 3) 고용보험의 피보험단위기간의 계산은 어떻게 하나? 6개월 계약
직으로 일하고 그만두었는데, 피보험단위기간이 모자라서 실업
급여를 못 받는다고 한다. 180일 이상 가입하면 된다면서 왜 안
된다는 것인가?

답변 3) 실업급여를 받기 위해서는 퇴사하기 전 18개월(초단시간 근로자
의 경우 24개월) 동안 피보험단위기간(고용보험에 가입한 기간)
이 통산하여 180일 이상이 되어야 한다.

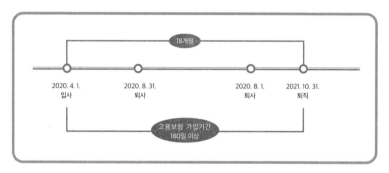

피보험단위기간은 회사에서 일한 날 중 유급(돈을 받은 날)을 합하여
계산한다. 즉, 일한 날과 일하지 않았더라도 회사로부터 돈을 받았던
주휴일이 포함된다. 주 5일 근무하는 경우 이틀 중 하루만 유급인 경우
나 관공서 공휴일을 유급으로 하지 않는 경우는 해당일이 피보험단위
기간에서 제외된다는 것을 기억하자.[56]

---

56 180일만 고용보험에 가입하면 되겠다는 생각으로 6개월만 일하지 말고 넉넉히 7~8개월
일해야 한다.

부 록

직장 내 성희롱,
직장 내 괴롭힘

직장 내 성희롱이란?

① 직장 내 성희롱의 정의

직장 내 성희롱이라 함은 사업주·상급자 또는 근로자가 직장 내의 지위를 이용하거나 업무와 관련하여 다른 근로자에게 성적 언동 등으로 성적 굴욕감 또는 혐오감을 느끼게 하거나 성적 언동 또는 그 밖의 요구 등에 따르지 아니하였다는 이유로 근로조건 및 고용에서 불이익을 주는 것을 말한다.[57]

직장 내 성희롱의 행위자는 회사 내 상사, 동료, 후배 그리고 고객이 될 수도 있다. 회사 내에서 권력을 가진 자가 본인의 권력을 가지고 다른 사람을 성적으로 괴롭히는 행위를 성희롱이라 할 수 있기 때문이다.

---

57 남녀고용평등과 일·가정 양립 지원에 관한 법률 제2조(정의) 2. "직장 내 성희롱"

② 직장 내 성희롱의 판단기준

성희롱을 판단하기 위하여 「남녀고용평등과 일·가정 양립 지원에 관한 법률」 시행규칙 별표 1에서는 성희롱의 예시를 들고 있다. 크게 신체적 성희롱, 언어적 성희롱, 시각적 성희롱으로 나누어진다.

▷ 신체적 성희롱 : 입맞춤이나 포옹, 뒤에서 껴안기 등의 신체적 접촉 행위

▷ 언어적 성희롱 : 음란한 농담이나 음탕하고 상스러운 이야기를 하는 행위

▷ 시각적 성희롱 : 음란한 사진·그림·낙서·출판물 등 게시하거나 보여주는 행위

대개 행위자들은 본인이 성희롱 행위자로 지목이 되었을 때 본인은 성희롱할 의도가 전혀 없었음을 강조한다. 성희롱인지 아닌지를 판단할 때 가해자의 의도는 전혀 중요하지 않다. 피해자가 어떻게 느꼈는지, 피해자와 같은 처지에 있는 평균적인 사람의 입장에서도 성희롱이라 느낄 수 있었다면 그것은 성희롱이다.

③ 직장 내 성희롱 발생 시 피해자의 권리

① 누구든지 성희롱 피해를 신고할 수 있다.

▷ 성희롱 피해자뿐만 아니라 제삼자도 신고할 수 있음

▷ 신고되지 않은 사건이라도 회사가 알게 되면 처리해야 함

② 회사는 사건발생 사실을 알게 되면 바로 사실확인 조사를 해야 한다.

▷ 조사 과정에서 피해근로자 등이 성적 불쾌감을 느끼지 않도록 해야 함

▷ 조사자, 조사 내용 보고받은 자, 조사 과정에 참여한 자, 인사조치 등의 사항을 알고 있는 자는 조사 과정에서 알게 된 비밀을 피해자의 의사에 반하여 다른 사람에게 누설할 수 없음

③ 사건 조사 기간 및 피해확인 시 근무장소의 변경이나 유급휴가를 요구할 수 있다.

▷ 회사는 피해자 및 피해 주장 근로자를 보호할 의무가 있음

▷ 피해근로자가 요구하면 근무장소 변경이나 유급휴가를 부여해야 함

④ 회사의 행위자 조치 결정 전 피해자 의견 청취

▷ 성희롱 발생이 확인된 경우, 바로 행위자에 대하여 징계 등 조치를 해야 함

▷ 해당 조처를 하기 전에 반드시 피해근로자의 의견을 들어야 함

⑤ 피해자에게 불이익 처우(2차 가해) 금지

▷ 파면, 해임, 해고, 그 밖에 신분상실에 해당하는 불이익 조치 금지

▷ 징계, 정직, 감봉, 강등, 승진제한 등 부당한 인사조치 금지

▷ 직무 미부여, 직무 재배치, 그 밖에 본인의 의사에 반하는 인사조치 금지

▷ 성과평가 또는 동료평가 등에서 차별이나 그에 따른 임금 또는 상여금 등의 차별지급 금지

▷ 직업능력 개발 및 향상을 위한 교육훈련 기회의 제한 금지

▷ 집단따돌림, 폭행 또는 폭언 등 정신적·신체적 손상을 가져오는 행위를 하거나 그 행위의 발생을 방치하는 행위 금지

▷ 그 밖에 신고한 근로자 및 피해근로자 등의 의사에 반하는 불리한 처우 금지

27 직장 내 성희롱 발생 시 사업주 조치 의무 강화(시행 2018. 5. 29.)

항목	내용
직장 내 성희롱의 신고	· 직장 내 성희롱 발생 사실 인지 시 누구든지 그 사실을 사업주에게 신고할 수 있음
사실관계 조사	· 사업주는 신고를 받거나 직장 내 성희롱 발생 사실 인지 시 지체 없이 사실확인 조사 실시하여야 함(위반 시 500만 원 이하 과태료) · 이 경우 피해자가 조사 과정에서 성적 수치심 등을 느끼지 않도록 하여야 함
피해자 보호조치	· 조사 기간 중 피해자 보호를 위해 필요 시 근무장소 변경, 유급휴가 명령 등 조치하여야 함 · 이 경우 피해자의 의사에 반하는 조치를 하여서는 아니 됨
직장 내 성희롱 발생 확인 시 조치	· 피해자 요청 시 근무장소 변경, 배치전환, 유급휴가 명령 등 조치하여야 함(위반 시 500만 원 이하 과태료) · 지체 없이 행위자에 대하여 징계, 근무장소 변경 등 필요조치 하여야 함. 이 경우 조치 전에 피해자의 의견을 들어야 함(위반 시 500만 원 이하 과태료).
피해자에 대한 불리한 처우 금지	· 신고자 또는 피해자에 대하여 해고 등 신분상실에 해당하는 불이익 조치, 징계 등 부당한 인사조치 등 불리한 처우 금지(불리한 처우에 해당하는 경우를 구체적으로 명시)(위반 시 3년 이하 징역 또는 3천만 원 벌금 부과)
비밀유지의무	· 조사자, 조사 내용을 보고받은 자, 그 밖에 조사 과정에 참여한 자 등은 조사 과정에서 알게 된 비밀을 피해자의 의사에 반하여 타인에게 누설 금지(위반 시 500만 원 이하 과태료)

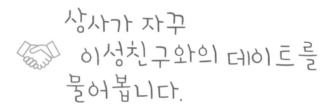

상사가 자꾸 이성친구와의 데이트를 물어봅니다.

Q. 회사에서 굳이 사생활을 말할 필요가 없다고 생각합니다. 그래서 여자친구의 존재를 밝히지 않았었는데, 어떻게 하다 보니 상사가 여자친구가 있다는 것을 알게 되었습니다. 그 뒤로 매주 월요일이면 여자친구와 데이트를 했는지, 만나서 뭘 했는지, 성적인 것들에 관해 물어봅니다. 너무 불편한데 어떻게 해야 하나요?

위의 에피소드는 직장에서 상사에게 성희롱 피해를 입고 있는 상황인 것 같다. 우선 쉽지 않겠지만 가해자에게 확실히 불쾌감, 거절의 표시를 해보자. 그래도 상사의 성희롱이 계속된다면 회사에 성희롱 피해를 신고하자.

∴ 남녀고용평등과 일 · 가정 양립 지원에 관한 법률 제14조(직장 내 성희롱 발생 시 조치)

① 누구든지 직장 내 성희롱 발생 사실을 알게 된 경우 그 사실을 해당 사업주에게 신고할 수 있다.

② 사업주는 제1항에 따른 신고를 받거나 직장 내 성희롱 발생 사실을 알게 된 경우에는 지체 없이 그 사실 확인을 위한 조사를 하여야 한다. 이 경우 사업주는 직장 내 성희롱과 관련하여 피해를 입은 근로자 또는 피해를 입었다고 주장하는 근로자(이하 "피해근로자 등"이라 한다)가 조사 과정에서 성적 수치심 등 느끼지 아니하도록 하여야 한다.

③ 사업주는 제2항에 따른 조사 기간 동안 피해근로자 등을 보호하기 위하여 필요한 경우 해당 피해근로자 등에 대하여 근무장소의 변경, 유급휴가 명령 등 적절한 조치를 하여야 한다. 이 경우 사업주는 피해근로자 등 의사에 반하는 조치를 하여서는 아니된다.

④ 사업주는 제2항에 따른 조사 결과 직장 내 성희롱 발생 사실이 확인된 때에는 피해근로자가 요청하면 근무장소의 변경, 배치전환, 유급휴가 명령 등 적절한 조치를 하여야 한다.

⑤ 사업주는 제2항에 따른 조사 결과 직장 내 성희롱 발생 사실이 확인된 때에는 지체 없이 직장 내 성희롱 행위를 한 사람에 대하여 징계, 근무장소의 변경 등 필요한 조치를 하여야 한다. 이 경우 사업주는 징계 등의 조치를 하기 전에 그 조치에 대하여 직장 내 성희롱 피해를 입은 근로자의 의견을 들어야 한다.

⑥ 사업주는 성희롱 발생 사실을 신고한 근로자 및 피해근로자 등에게 다음 각 호의 어느 하나에 해당하는 불리한 처우를 하여서는 아니 된다.

1. 파면, 해임, 해고, 그 밖에 신분상실에 해당하는 불이익 조치

2. 징계, 정직, 감봉, 강등, 승진 제한 등 부당한 인사조치

3. 직무 미부여, 직무 재배치, 그 밖에 본인의 의사에 반하는 인사조치

4. 성과평가 또는 동료평가 등의 차별이나 그에 따른 임금 또는 상여금 등의 차별 지급

5. 직업능력 개발 및 향상을 위한 교육훈련 기회의 제한

6. 집단 따돌림, 폭행 또는 폭언 등 정신적 · 신체적 손상을 가져오는 행위를 하거나 그 행위의 발생을 방치하는 행위

7. 그 밖에 신고를 한 근로자 및 피해근로자 등의 의사에 반하는 불리한 처우

⑦ 제2항에 따라 직장 내 성희롱 발생 사실을 조사한 사람, 조사 내용을 보고 받은 사람 또는 그 밖에 조사 과정에 참여한 사람은 해당 조사 과정에서 알게 된 비밀을 피해근로자 등의 의사에 반하여 다른 사람에게 누설하여서는 아니 된다. 다만, 조사와 관련된 내용을 사업주에게 보고하거나 관계 기관의 요청에 따라 필요한 정보를 제공하는 경우는 제외한다.

「남녀고용평등과 일·가정 양립 지원에 관한 법률」제14조에는 직장 내 성희롱 발생 시 회사가 해야 하는 조치에 대하여 나와 있다. 회사는 직장 내 성희롱 신고를 받으면 이에 따라 바로 조사해야 한다.

회사에 신고하기 전 가장 중요한 것은 증거를 확보하는 것이다! 기억하자! 직장 내 성희롱 자체가 굉장히 민감하기 때문에 행위자가 성희롱 가해사실을 부정하는 경우가 많다. 그래서 녹음자료, 카톡 등의 대화기록을 보관해야 한다. 그 외에 성희롱이 이루어진 상황을 자세히 기록해두는 것도 좋다(날짜, 시간, 장소, 가해자의 구체적인 말이나 행동, 내가 느낀 감정과 대응한 내용, 당시 피해사실을 목격한 목격자 진술, 기타 주변상황 등을 가능한 한 상세히 기록).

그리고 피해자는 신고 시 원하는 바를 생각해놓자. '가해자와 같이 일하고 싶지 않다.' '가해자에게 사과받고 싶다.' '가해자가 징계를 받았으면 좋겠다.' 등등. 조사 후 사건이 직장 내 성희롱으로 인정되면 가해자에게 징계조치하기 전 피해자에게 의견을 물어봐야 하기 때문이다.

회사에 신고 전 전문기관에 연락해 도움을 받는 것도 좋은 방법이다. 신고했을 때 회사가 해당 신고사건을 잘 조사하면 좋지만 그렇지 않은 경우가 은근히 많다. 그럼 신고자는 당황하며 어떻게 대처해야 할지 모르게 된다. 전문기관의 도움을 받으면 회사가 사건을 제대로 조사해주든 그렇지 않든 내 페이스를 잃지 않고 사건을 진행할 수 있다.

법에서는 회사가 직장 내 성희롱 신고를 받으면 바로 조사를 하게 되어 있지만 '그냥 참고 넘어가라.' '이런 걸 공론화해서 좋을 것이 뭐가 있냐.' 등으로 사건을 그냥 덮으려는 회사가 있다. 회사에 말했지만 내가 당한 성희롱 피해가 제대로 해결되거나 조사되지 않으면 회사 주소지를 담당하는 고용노동지청에 직장 내 성희롱을 신고할 수 있다. 그럼 사건을 담당하는 근로감독관이 배정되어 회사가 사건을 그냥 넘겨버리는 일은 없게 될 것이다.

회사는 직장 내 성희롱을 신고한 직원에게 불이익 처분을 할 수 없지만, 성희롱으로 신고했다는 이유로 회사에서 불이익 처분을 당할까 걱정되는 직원이 있을 것이다. 그렇다면 고용노동부의 '직장 내 성희롱 익명신고'[58]를 이용하자.

∴ 고용노동부 '직장 내 성희롱 익명신고' 사건처리 절차

① 신고접수

② 검토 : 고용노동부 본부 내에서 신고내용 및 조치사항 검토 후 회사 주소지 관할하는 고용노동청에 통보

③ 조치 : ⅰ)행정지도 - 신고내용이 경미한 경우

---

58 고용노동부 민원마당 > 직장 내 성희롱 익명신고

ⅱ)사업장 감독 - 법 위반 의심 등 근로감독이 필요한 사업장

ⅲ)신고사건 처리 - 사업주 처벌 등을 희망하는 신고

④ 조치내용

ⅰ)직장 내 성희롱 실태조사 및 지도

ⅱ)사업장 근로감독 실시 / 위반사항 확인 시 시정 또는 사법처리

ⅲ)당사자 조사 실시 / 위반사항 확인 시 시정 또는 사법처리

⑤ 후속조치 : 심리정서치유 프로그램(고용평등상담실 운영)

사업장 조직문화 상담(컨설팅 지원) - 여성가족부 협조

직장 내 괴롭힘이란?

① 직장 내 괴롭힘[59]의 정의

사용자 또는 근로자가 직장에서의 지위 또는 관계 등의 우위를 이용하여 업무상 적정범위를 넘어 다른 근로자에게 신체적·정신적 고통을 주거나 근무환경을 악화시키는 행위[60]를 직장 내 괴롭힘이라 한다.

② 직장 내 괴롭힘의 판단기준

당사자 간의 관계, 행위가 이루어진 장소 및 상황, 피해자의 반응, 괴롭힘 기간, 내용 및 정도 등 구체적인 사정을 종합적으로 고려하여 판단

---

59 2019「직장 내 괴롭힘 판단 및 예방·대응 매뉴얼」
60 근로기준법 제76조의 2(직장 내 괴롭힘의 금지)

한다. 문제된 행위를 피해자와 같은 처지에 있는 일반적이고도 평균적인 사람의 입장에서 바라보았을 때 신체적·정신적 고통이나 근무환경의 악화가 발생할 수도 있다는 점이 인정되어야 한다. 또한 피해자가 실제로 신체적·정신적으로 고통을 받았거나 근무환경이 악화되었다는 결과가 발생되어야 직장 내 괴롭힘으로 인정받을 수 있다.

③ 직장 내 괴롭힘으로 인정되는 행위 예시

▷ 정당한 이유 없이 업무능력이나 성과를 인정하지 않거나 조롱

▷ 정당한 이유 없이 훈련, 승진, 보상, 일상적인 대우 등에서 차별

▷ 다른 직원들과 달리 특정 직원에 대하여만 근로계약서 등에 쓰여 있지 않은 모두가 싫어하는 힘든 업무를 반복적으로 시킴

▷ 근로계약서 등에 쓰여 있지 않은 허드렛일만 시키거나 일을 거의 주지 않음

▷ 정당한 이유 없이 일과 관련된 중요한 정보를 주지 않거나 의사결정 과정에서 배제시킴

▷ 정당한 이유 없이 휴가, 병가, 각종 복지혜택 등을 쓰지 못하도록 압력 행사

▷ 다른 직원들과 달리 특정 직원의 일하거나 휴식하는 모습을 지나치게 감시

▷ 사적 심부름 등 사적인 일상생활에 관련된 일을 하도록 지속·반복적으로 지시

▷ 정당한 이유 없이 부서이동 또는 퇴사 강요

▷ 개인사에 대한 뒷담화나 소문을 퍼트림

▷ 신체적인 위협이나 폭력을 가함

▷ 욕설이나 위협적인 말을 함

▷ 다른 사람들 앞이나 온라인상에서 모욕감을 주는 언행을 함

▷ 직원의 의사와 상관없이 음주·흡연·회식참여 강요

▷ 집단따돌림

▷ 업무에 필요한 주요 비품(컴퓨터, 전화 등)을 주지 않거나, 인터넷이나 사내 네
트워크 접속 차단

④ 직장 내 괴롭힘의 사건처리[61]

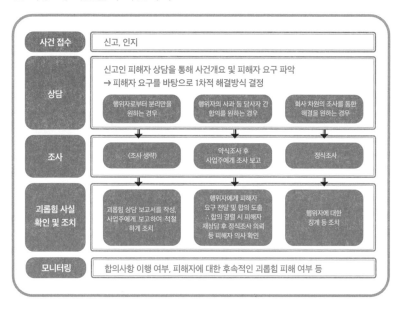

61 고용노동부, 직장 내 괴롭힘 판단 및 예방·대응 매뉴얼

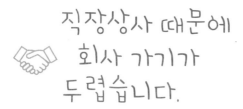

직장상사 때문에 회사 가기가 두렵습니다.

Q. 상사에게 결재받으러 가면 기본 10분 이상 업무에 대한 트집을 잡습니다. 우리 사무실은 칸막이 없이 트여 있는데 "대학은 어떻게 나왔냐?" "너 같은 돌머리는 처음 본다." 등 서슴없이 말합니다. 다른 직원도 이야기를 다 듣습니다. 너무 창피하고 자존심이 상합니다. 결재받으러 갈 때면 가슴이 두근거리고 정말 가고 싶지 않습니다.

직장에서의 지위 또는 관계 등의 우위를 이용하여 업무상 적정범위를 넘어 다른 직원에게 신체적·정신적 고통을 주거나 근무환경을 악화시키는 행위를 직장 내 괴롭힘이라 한다. 직장 내 괴롭힘은 ▷당사자와의 관계, ▷행위장소 및 상황, ▷행위에 대한 피해자의 반응, ▷행위내용 및 정도, ▷행위기간(일회적/단기간/지속적) 등 구체적인 사정을 참작하여 종합적으로 판단한다.

직장 내 괴롭힘의 정의 등을 이용하여 현재 질문의 행위내용이 직장 내 괴롭힘인지 판단해보자.

▷ 행위자 : 직장상사

▷ 피해자 : 부하직원

▷ 행위장소 : 사무실

▷ 행위요건

ⅰ) 직장에서의 지위 또는 관계 등 우위 이용 여부 : '상사'라는 지위 이용

ⅱ) 업무상 적정범위를 넘었는지의 여부 : 다른 직원들이 있는 자리에서 공개적으로 모욕을 주는 행위("대학은 어떻게 나왔냐?" "너 같은 돌머리는 처음 본다." 등의 발언)를 한 것은 사회통념상 상당하지 않은 행위에 해당

ⅲ) 신체적·정신적 고통을 주거나 근무환경을 악화시켰는지 여부 : 공개적인 모욕으로 인하여 정신적 고통 인정 가능

▶ 종합적 판단 : 직장 내 괴롭힘에 해당하는 것으로 보임

위의 에피소드는 직장 내 괴롭힘으로 보이기 때문에 이는 회사에

신고해야 하는 상황으로 보인다. 하지만 직장 내 괴롭힘을 무겁게 보고 있지 않은 것이 우리나라 회사의 현실이다. 회사에 신고할 수 있는 것을 알지만 회사가 이를 잘 해결해줄 것인지, 혹은 괜히 말했다가 괴롭힘 수위만 높아지지는 않을지 걱정하는 경우도 많다.

직장 내 괴롭힘을 가벼이 보는 회사 때문에 직장 내 성희롱과 마찬가지로 직장 내 괴롭힘도 회사 주소지를 담당하는 노동청에 신고할 수 있게 되어 있다. 다만 조금 아쉬운 점이 있다면, 2019년 7월 17일 '직장 내 괴롭힘 방지법'이 시행되었을 때 회사 스스로가 직장 내 괴롭힘을 없애자는 의미가 컸기에 법적으로 회사에 직접적인 제재가 가해지는 처벌조항이 없었다. 그래서 노동청에 신고해도 노동청에서 뭔가 적극적인 조치를 내릴 수 없다. 그저 회사에 연락해 직장 내 괴롭힘에 대한 조사를 제대로 실시하라는 명령을 하는 것뿐이었다. 그래서 많은 직장 내 괴롭힘의 피해를 받는 사람은 '직장 내 괴롭힘 방지법'이 실제 직장 내 괴롭힘을 방지해주고 있는지에 대하여 의문을 가지고 있었다. 그래서 직장 내 괴롭힘에 대하여 벌칙과 과태료 규정이 신설되었다(2021. 10. 14. 시행).

① 사장님이 직장 내 괴롭힘을 한 경우 1천만 원 이하 과태료 부과: 예전의 법에서는 회사 사장님이 직원을 괴롭혔을 때 사장님이 스스로

에게 벌을 주지 않는 이상 노동청에서도 어떤 벌칙을 내릴 수가 없었다. 그래서 이제는 사장님 혹은 사장님의 4촌 이내의 친척이 직원을 괴롭힐 때는 1천만 원 이하의 과태료를 부과하도록 하였다.

② 직장 내 괴롭힘 조사 시 비밀누설 금지: 직장 내 괴롭힘이 발생한 것을 회사가 알게 되었을 때 회사는 지체 없이 사건을 조사해야 한다. 이때, 직장 내 괴롭힘 발생사실을 조사한 사람, 조사 내용을 보고받은 사람 및 그 밖에 조사 과정에 참여한 사람은 해당 조사 과정에서 알게 된 비밀을 피해근로자 등의 의사에 반하여 다른 사람에게 말하면 안 되고, 위반하면 500만 원 이하의 과태료가 부과된다.

③ 직장 내 괴롭힘 행위의 조사, 피해직원 보호, 가해직원 징계조치 의무하지 않은 경우 과태료 부과: 근로기준법 제76조의 3에 따라 회사에서 직장 내 괴롭힘이 생겼을 때 사건을 바로 조사하면서, 피해직원을 보호(근무장소 변경, 유급휴가 명령 등)하고, 사건조사 결과 직장 내 괴롭힘이 맞다면 가해근로자를 바로 징계해야 한다. 회사가 이를 안 지키면 500만 원 이하의 과태료가 부과된다.

④ 직장 내 괴롭힘 신고자에 대한 불이익 처우 금지: 직장 내 괴롭힘을 신고한 것을 이유로 신고 직원에게 불이익 조치했을 때 3년 이하의 징역 또는 3천만 원 이하의 벌금에 처해진다는 규정은 여전히 유지된다.

최초 '직장 내 괴롭힘 방지법'을 만들었을 때의 목적은 많이 사라졌다. 직장 내의 일이니 직장 내에서 알아서 관리해보라는 취지로 벌칙, 과태료 규정을 만들어놓지 않았는데 그만큼 이를 지키지 않는 회사가 많았던 것이다. 그래서 이를 그나마 잘 지키도록 벌칙, 과태료 규정을 신설했다. 이제는 많은 회사가 직장 내 성희롱만큼 직장 내 괴롭힘에 대해서도 경각심을 가질 것이라 생각한다.

∴ 직장 내 괴롭힘 이직자 실업급여 수급자격 인정기준

△ 이직자에 대한 직장 내 괴롭힘 피해사실이 확인되는 경우, 실업급여를 받을 수 있음
① 회사에서 직장 내 괴롭힘을 인정하여 행위자 징계, 근무장소 변경 등 후속조치를 실시한 경우
* 단, 직장 내 괴롭힘 여부와 무관하게 갈등 방지를 위한 공간분리, 일시적 휴가 부여 등의 사정만으로는 괴롭힘 여부를 판단하기 어려움
② 회사 주소지를 관할하는 노동청에서 조사하여 괴롭힘이 인정된 경우
* 회사에 대하여 지방관서 조사, 신고에 의한 조사 실시 등

△ 직장 내 괴롭힘 사실 확인 전이라도 회사 또는 회사 주소지를 관할하는 노동청에 신고한 경우 실업급여 자격이 가(假)인정됨
* 가(假)인정자에 대해서는 잠정실업인정을 통해 재취업활동 등을 실시하되 실업급여 지급하지 않는다. 나중에 수급자격을 인정받으면 미지급한 실업급여를 일시에 지급한다. 그리고 인정 이후 일반 수급자격자와 동일하게 실업을 인정
① 회사에 신고, 회사 주소지를 관할하는 노동청에 진정·고소, 경찰 신고 등
* 수급자격 신청 이후 신고한 경우도 가능
② 회사의 조사결과("괴롭힘 없음")에 불복하여, 회사 주소지를 관할하는 노동청에 진정을 제기한 경우 위의 가(假)인정 절차에 따라 처리

직장 내 괴롭힘으로 인해 정신과 진료를 받는 직원을 많이 보았다.

직장 내 괴롭힘으로 인해 정신과 진료를 받는다면 해당 직원은 산재신청도 가능할 수 있다. 또 하나, 직장 내 괴롭힘으로 인하여 회사를 스스로 그만두는 직원의 경우 고용노동부에서 직장 내 괴롭힘으로 퇴사한 사실을 인정받으면 실업급여를 받을 수 있다는 점도 알아두자.

※ 직장 내 괴롭힘 피해직원을 위한 심리상담

① 직원 수 300인 미만인 회사에 다닌 피해직원을 위한 심리상담

- 톡, 전화, 화상, 대면 상담 등 1인당 연간 7회 제공(게시판 상담 무제한)

- 문의처 : 070-4173-3883(EAP 고객센터)

ⅰ) 회원가입(필수)

　근로복지넷(www. workdream.net) 접속 > 개인회원 가입

ⅱ) 상담신청

　근로복지넷 근로자지원프로그램(EAP:Employee Assistance Program) > 온라인 상담 또는 오프라인 상담 선택 > 상담유형 선택 > 상담분야 선택 > 상담사 선택 > 고용보험조회(최대 5분 소요) > 상담사 재클릭, 신청

　* 상담신청 확인은 로그인 후 '이용현황'에서 확인 가능

ⅲ) 상담일정 및 장소 협의

　상담사가 신청자에게 직접 전화 연락하여 상담일정 및 장소 협의

ⅳ) 상담진행

게시판 상담 24시간 내 답변, 톡/전화/화상/근로자 상담 1회당 50분 진행

ⅴ) 만족도 평가

상담 후 상담이용에 대한 만족도 평가(매 회기 시스템에서 자동 문자 발송 또는 전화 설문)

② 직원 수 300인 이상인 회사에 다닌 피해직원을 위한 심리상담

- 직업적 트라우마 전문 상담센터(전국 8개소)

- 중대산업재해, 동료의 자살, 직장 내 괴롭힘, 성희롱·성폭력 등 산업재해로 인한 정신적 외상(직업적 트라우마)을 겪는 직원을 위한 전문 심리상담 서비스 (산업안전보건공단)

- 상담전화번호 : 1588-6497

- 상담시간 : 09:00 ~ 21:00

* 퇴근 후에도 이용할 수 있도록 8개 전문 상담센터별 탄력적 운영

이러한 정보가 직장 내 괴롭힘으로 힘들어하는 직원들에게 조금이나마 힘이 되었으면 하는 바람이다.

28 지점별 센터 현황

연번	권역	소재지	해당지역
1	인천	인천광역시 남동구	서울특별시·인천광역시
2	부천	경기도 부천시	경기 부천·김포·의정부·동두천·구리·남양주·양주·포천·고양·파주시, 경기 연천군 및 강원 철원군
3	경기서부	경기도 시흥시	경기 광명·안양·과천·의왕·군포·안산·시흥·수원·용인·화성·평택·오산·안성시
4	경기동부	경기도 성남시	경기 성남·하남·이천·광주·여주시, 경기 양평군 및 강원도 전역(철원군 제외)
5	대전	대전광역시 유성구	대전광역시·세종특별자치시 충청권역
6	대구	대구광역시 달서구	대구광역시·경북권역 전역
7	광주	광주광역시 광산구	광주광역시·전라권역 전역·제주특별자치도
8	경남	경남 창원시 성산구	부산광역시·울산광역시·경남권역 전역

근로자에게 바로 통하는
노무 처방전

초판 1쇄 발행 2021년 9월 30일

지은이 박예희
펴낸이 윤서영
펴낸곳 커리어북스
디자인 신미경, 커리어북스 편집부
편집 김정연
인쇄 도담프린팅

출판등록 제 2016-000071호
주소 용인시 수지구 수풍로 90
전화 070-8116-8867
팩스 070-4850-8006
블로그 blog.naver.com/career_books
페이스북 www.facebook.com/career_books
인스타그램 www.instagram.com/career_books
이메일 career_books@naver.com

값 15,900원
ISBN 979-11-971982-7-4 (03320)